Integridade Moral e Espiritual

O Legado do Livro de Daniel para a Igreja Hoje

INTEGRIDADE Moral e Espiritual

O Legado do Livro de Daniel para a Igreja Hoje

Elienai Cabral

CPAD

Rio de Janeiro
2014

Preparação dos originais: Verônica Araujo
Capa: Wagner de Almeida
Projeto gráfico e editoração: Elisangela Santos

CDD: 220 - Comentário Bíblico
ISBN: 978-85-263-1026-1

As citações bíblicas foram extraídas da versão Almeida Revista e Corrigida, edição de 1995, da Sociedade Bíblica do Brasil, salvo indicação em contrário.

Para maiores informações sobre livros, revistas, periódicos e os últimos lançamentos da CPAD, visite nosso site: http://www.cpad.com.br.

SAC — Serviço de Atendimento ao Cliente: 0800-021-7373

Casa Publicadora das Assembleias de Deus
Av. Brasil, 34.401 – Bangu – Rio de Janeiro – RJ
CEP 21.852-002

2ª impressão: Setembro/2014
Tiragem: 5.000

Sumário

PREFÁCIO

Daniel é um exemplo para nós, cristãos do século XXI. Como jovem, mesmo em um país distante, não se esqueceu dos princípios que nortearam seu crescimento e sua fé no Deus de Israel. Por mais que tenha sido visto como um jovem aparentemente antissocial, a ponto de não comer das iguarias da mesa do rei com os demais jovens convidados, Daniel mostrou que vale a pena ser íntegro em tudo, desde a fé até a forma de comer.

Como homem público, Daniel não se furtou de fazer o que era certo e buscar a justiça. Passou por diversos reis e foi um exemplo para eles. O respeito que obteve era digno de nota. Ele aconselhou um rei a que deixasse de pecar e fosse misericordioso com os pobres do reino, quando esse mesmo rei estava no auge de seu império. Foi um grande gestor, e destacou-se como profissional.

Como homem de oração, manteve sua conduta ante às adversidades, e não deixou de buscar ao Senhor mesmo quando orar foi tido como uma atitude criminosa em uma lei de origem suspeita e parcial.

Como profeta, Daniel nos ensina que os reinos deste mundo passarão. Sua profecia inclui não apenas a prospecção, a revelação do futuro, mas é uma mostra de que profetizar é também pedir justiça para os injustiçados, alívio para os aflitos e arrependimento e mudança de conduta ao pecador.

O pastor Elienai Cabral nos abençoa mais uma vez com sua lavra teológica, brindando-nos com este livro sobre o profeta Daniel. Suas pesquisas são de fundamental importância para que possamos entender não apenas o livro deste profeta, mas igualmente os dias em que vivemos e o que está reservado para a humanidade no futuro. O que Daniel nos mostra em seu livro (e a história comprova com o que já se passou) é uma advertência para os nossos dias, de que Jesus está voltando e que há de cumprir tudo o que revelou aos seus santos profetas.

Deus abençoe sua vida e seus estudos.

Pr. Alexandre Claudino Coelho
Gerente de Publicações da CPAD

INTRODUÇÃO AO ESTUDO DE DANIEL

Saber o que acontecerá amanhã aguça a curiosidade de todo ser humano. Há um insaciável interesse de desvendar o futuro e os acontecimentos vindouros e, por esta razão, muitas pessoas se tornam vítimas de charlatões que exploram esses assuntos e criam falsas expectativas. Descobrir o futuro sempre induz o homem na busca de prognosticadores, adivinhadores, agoureiros, mágicos e até quem consulte os mortos. Todos esses meios de adivinhação são abominados por Deus. A Bíblia é a revelação de Deus e da sua vontade para o homem na terra e a profecia bíblica nada tem a ver com o misticismo que é enganoso. A profecia, do ponto de vista bíblico, é a revelação da mensagem de Deus e da sua vontade aos homens através do profeta que se coloca entre Deus e o homem para transmissão da mensagem.

Daniel é um profeta contemporâneo porque sua mensagem revela o plano de Deus para o povo de Israel através da história com eventos já cumpridos e outros que apontam para o futuro.

A relação da profecia de Daniel com a Igreja é da maior importância, porque é como olhar para o relógio do tempo. A ênfase e o lugar que Israel ocupa como povo de Deus, objeto direto da profecia de Daniel e de outros profetas, mostram e indicam o futuro da Igreja de Cristo.

Não podemos espiritualizar o que é literal, nem tomar o espiritual e interpretá-lo literalmente. A linguagem, literal ou figurada, tem de ser interpretada de acordo com o seu contexto. O texto do livro de Daniel contém essas duas linguagens (literal e figurada) e, por isso, faremos uma interpretação acurada e responsável com o máximo cuidado e temor do Senhor.

Ao longo da história da Igreja as profecias bíblicas sempre atraíram os estudiosos. A interpretação da profecia obedece a critérios hermenêuticos quanto a linguagem literal ou figurada, bem como a sua relação ao contexto da profecia, envolvendo aspectos históricos, geográficos, culturais e, acima de tudo, o alcance escatológico da mensagem. Nos primórdios da Igreja de Cristo, os assuntos escatológicos eram pouco discutidos. Assim que foram surgindo escritos de caráter profético, criou-se a dificuldade quanto à interpretação literal ou figurada. Os escritos reconhecidos como inspirados do Novo Testamento sempre abordaram temas da volta de Cristo e muitos naquela época entendiam que a segunda Vinda de Cristo iniciava-se com a instalação do período milenar. Alguns interpretavam literalmente a profecia. Outros, a partir dos séculos II e III, influenciados por uma escola herética de teologia em Alexandria, no Egito, passaram a interpretar a profecia com sentido apenas alegórico. Houve uma rejeição da igreja da época dessa forma errônea de interpretação do sistema alexandrino. Os estudiosos entenderam que aquela escola havia subvertido a forma correta de interpretar as Escrituras, suas doutrinas e a profecia.

A construção da teologia cristã ainda estava em desenvolvimento naqueles primeiros séculos, por isso, a igreja teve muita dificuldade em estabelecer uma única interpretação da escatologia bíblica. Várias escolas de interpretação surgiram e a discussão das doutrinas nos vários concílios eclesiásticos acabou por admitir que "na revelação divina das Escrituras a profecia tem sua evidência na história e no futuro"[1].

---

[1] John F. Walvoord, *Profecias da Bíblia*, Aba Press, p.8

COMO INTERPRETAR A PROFECIA EXEGÉTICA

A interpretação dos textos proféticos nas Escrituras

Quando a literatura escatológica começou a aparecer nos três primeiros séculos da Era Cristã e analisadas para sua aceitação no cânon do Novo Testamento, os livros proféticos do Antigo Testamento já haviam sido reconhecidos como inspirados pelo Espírito Santo. Os estudiosos e analistas bíblicos entenderam que a questão do método empregado na interpretação das Escrituras era de fundamental importância. Então, começou haver diferentes métodos de interpretação os quais produziram várias posições e concepções escatológicas e cada sistema de interpretação defendia seus pontos de vista de acordo com as diversas concepções adotadas. Quatro escolas básicas se tornaram fortes na interpretação escatológica com os defensores do pré-milenismo e o pós-milenismo e, também, os defensores das teorias do pré-tribulacionista e pós-tribulacionista acerca do arrebatamento da igreja. A discussão das diferenças de opiniões de interpretação entre estas escolas envolve os aspectos futuros das profecias, tanto do Antigo como do Novo Testamento. Nesta discussão temos a interpretação literal e a interpretação alegórica, principalmente, acerca do reino milenar. Os pré-milenistas entendem que, com a igreja arrebatada, o reino milenar terá a primazia dos judeus num reino judaico terreno estabelecido pelo Messias em Jerusalém.

Existe uma distinta diferença entre a profecia bíblica cumprida historicamente e a tratamos como profecia histórica e a profecia escatológica que aponta para o futuro e que está para acontecer. Na verdade, temos na profecia bíblica as revelações preditivas que anunciam eventos, personagens e coisas para um tempo futuro, assim como as tivemos na história das Sagradas Escrituras. Por esse modo, entendemos que as profecias passadas garantem as futuras. Temos uma profecia no livro de Isaías que é, tanto histórica como futura, porque seu cumprimento aconteceu. É uma profecia que Isaías falou a Ciro da Pérsia, aproximadamente no ano 750 a.C. (Is 45.1). Esta profecia se cumpriu através de Ciro quando libertou os judeus no ano 536 a.C., depois que estes judeus cumpriram os setenta anos do cativeiro na Babilônia, como predito pelo profeta Jeremias (Jr 25.12). Ora, entendemos então que as profecias dos livros de Daniel e Apocalipse são de caráter escatológico, porque seu cumprimento ainda não aconteceu.

A IMPORTÂNCIA DA PROFECIA ESCATOLÓGICA

Escatologia é uma matéria que atrai os estudiosos da Bíblia. A palavra *escatologia* reúne dois vocábulos gregos: *scatos,* cujo sentido é "último" e *logos* que significa "conhecimento, raciocínio, palavra, estudo". A partir dessa significação podemos definir a escatologia como "estudo dos eventos futuros". Entende-se, portanto, como o estudo acerca dos últimos acontecimentos profetizados para o fim dos tempos na terra.

DUAS ESCOLAS DISTINTAS DE INTERPRETAÇÃO DA PROFECIA

A interpretação alegórica

Bernard Ramm escreveu o seguinte sobre alegorização: "Alegorização é o método de interpretar um texto literário considerando o sentido literal veículo para um sentido secundário, mais espiritual". Esse método toma o sentido literal e histórico de um texto bíblico e o despreza, transformando cada palavra e acontecimento em alegoria. O significado histórico da profecia não pode ser desprezado e não tomar o sentido final da profecia e torná-lo secundário e de pouco valor. O perigo está em especular a profecia abrindo espaço para exageros da parte do intérprete. Todo intérprete precisa ter o cuidado na interpretação alegórica. Deve deixar o texto que tem linguagem alegórica com sua própria linguagem dentro do contexto que o texto requer. O que é literal interpreta-se literalmente e o que é alegórico interpreta-se alegoricamente. Todas as figuras alegóricas devem ser tratadas de acordo com o sentido que o texto está indicando sem partir para especulações fora do contexto bíblico.

A interpretação literal.

Ao interpretar uma escritura profética deve-se levar em conta que o sentido básico de cada palavra tem seu uso costumeiro empregado no dia a dia. A partir do sentido literal de uma palavra ou um texto, o intérprete descobrirá o seu sentido espiritual ou alegórico, pois deriva do literal o seu sentido espiritual.

A profecia bíblica deve ser interpretada apropriadamente. A despeito das várias escolas de interpretação, as divergências de opiniões podem coexistir, desde que as interpretações não firam o princípio hermenêutico de coerência do ensino geral das Escrituras. A interpretação de qualquer assunto no campo da escatologia deve ser coerente e consistente repudiando colocações místicas e fantasiosas. Todo intérprete deve levar em conta que a Bíblia é a revelação e inspiração divina e que os seus autores humanos foram guiados em suas mentes ao escreverem e registrarem a Palavra de Deus.

O PANO DE FUNDO DO LIVRO DE DANIEL

Ao estudar o livro de Daniel torna-se necessário estudar o "o pano de fundo" do livro, isto é, o seu contexto geográfico, histórico e cultural. O livro de Daniel não é diferente dos demais livros proféticos. Há eventos tão somente históricos que já aconteceram e há eventos proféticos com linguagem metafórica para tempos futuros. De modo geral, grande parte das profecias bíblicas cumpriu-se pouco depois de transmitidas aos profetas, porque tinham um caráter temporal e presente à vida do povo de Deus naqueles tempos. Outras, entretanto, são profecias com um caráter futuro de longo alcance, especialmente as profecias apocalípticas, tais como Daniel, Ezequiel e Apocalipse.

Neste livro, o nosso personagem é o profeta Daniel e as revelações que Deus lhe deu acerca do "tempo do Fim", em cuja profecia está revelado o tratamento de Deus com o povo de Israel (Dn 8.17,18; 10.14; 11.35; 12.4; Ap 1.3) e o resto do mundo.

O livro de Daniel não é essencialmente um livro histórico, embora comece com uma história, o livro é uma profecia progressiva que vai acontecendo dentro da história que se evidencia naquele mesmo tempo, mas tem continuidade à frente do tempo de Daniel e aponta para o futuro. É, na verdade, o desvendamento da história com o cumprimento da profecia revelada para tempos futuros conforme os desígnios de Deus na vida do seu povo Israel e da Igreja de Cristo no futuro.

O livro de Daniel é sem dúvida o apocalipse do Antigo Testamento. Ele revela fatos e acontecimentos futuros os quais se evidenciam na atualidade. Na verdade, nenhum outro livro profético se ajusta tão perfeitamente às evidências atuais como o livro de Daniel.

Ele se irmana a outro livro profético, o último da Bíblia, que é o Apocalipse. Os dois se complementam, pois seria difícil ter as respostas de um dos livros sem o outro. Há um paralelo entre os dois livros escatológicos. Daniel se ocupa em revelar os acontecimentos do "*fim do tempo*" também, identificado como o "*tempo dos gentios*". Já o Apocalipse ocupa-se com a *"plenitude dos gentios*[2]. No "fim do tempo", ou como está na versão ARA, "*tempo do fim*", identificado como "o tempo dos gentios", temos a supremacia final do povo de Israel, enquanto que, na "plenitude dos gentios" vemos a supremacia da Igreja reinando com Cristo no tempo do Milênio. O "tempo do fim"(ou, "fim do tempo") nada tem a ver com a época da pregação do Evangelho de Cristo; sim, tem a ver com um tempo determinado estabelecido para a intervenção de Deus em favor do seu povo e, naquele tempo, a igreja estará arrebatada com Cristo. Outrossim, "o tempo dos gentios" tem a ver com o cenário político mundial, no período em que o "anticristo" dominará o mundo gentio, mas que culminará com a vitória final do povo de Israel (Lc 21.24). Já, a expressão "plenitude dos gentios" tem a ver com a intervenção espiritual no mundo e a supremacia celestial da Igreja, reinando com Cristo (Rm 11.25; Zc 12.3,8-10; 13.8,9; 14.2-4).

Alguns personagens figurativos que aparecem em ambos os livros são identificados por títulos e nomes distintos. No Apocalipse revela-se como "o Anti-cristo, o homem do pecado", "a Besta

---

[2] Rm 11.25; At 15.14-16

que subiu do mar" (Ap 13.4-6), porém, no livro de Daniel esse "homem do pecado" do Apocalipse é apresentado sob uma forma especial e vem representado por figuras materiais e animais. Essas figuras são identificadas como o *"chifre pequeno do animal terrível e espantoso" (Dn 7.8); "o rei de cara feroz" (Dn 8.23); "o príncipe que há de vir"* (Dn 9.27).

Jesus deu importância e autenticidade a ambos os livros. Em relação ao livro de Daniel, Jesus o citou em Mateus 24.15, quando disse: *"Quando, pois, virdes que a abominação da desolação, de que falou o profeta Daniel, está no lugar santo (quem lê, que entenda".* No livro de Apocalipse, Jesus se identifica com o seu querido discípulo e apóstolo João, e na revelação Ele diz: *"Eu, Jesus, enviei o meu anjo, para vos testificar estas coisas nas igrejas. Eu sou a raiz e a geração de Davi, a resplandecente Estrela da manhã" (Ap 22.16).* Por exemplo, a Daniel Deus deu-lhe a interpretação através de sonhos e a João, o Senhor lhe deu visões. Cada um deles trouxe à revelação sonhos e visões através de linguagem de símbolos, metáforas e outras figuras. Para se estudar a profecia é necessário buscar o significado da mesma pelo seu contexto cultural, histórico, geográfico e, principalmente, espiritual. Nenhuma profecia pode ser forçada na sua interpretação com conclusões ou definições preconcebidas. Nenhuma profecia pode ser interpretada isoladamente do seu contexto na própria Bíblia.

REGRAS BÁSICAS PARA INTERPRETAR A PROFECIA

Existem textos paralelos na profecia de ambos os livros. Por exemplo: Dn 7.7 e Ap 12.1-6; Dn 7.13 e Ap 1.7; Dn 7.19 e Ap 1.14; Dn 7.7,20 e Ap 5.5-7; Dn 7.9,22 e Ap 20.4; Dn 8.10 e Ap 12.4; Dn 12.4,10 e Ap 22.10-15. Essas escrituras, quando comparadas, nos dão um vislumbre da relação da mensagem profética. Para se entender essa similitude e estudar a profecia de modo correto o intérprete deve considerar quatro regras básicas para estudar a profecia.

A primeira regra é buscar o sentido das palavras do texto de acordo com o seu contexto histórico. Significa evitar fazer conclusões preconcebidas sem respaldo do princípio hermenêutico. O contexto gramatical e histórico oferece ao intérprete o significado claro do que o texto quer dizer.

A segunda regra para se interpretar um texto profético é comparar uma profecia com outra similar. Cada profecia revela o pensamento de Deus para todos os tempos. Por exemplo, a comparação das descrições do "ancião de dias" (Dn 7.9-14) com "um semelhante ao Filho do Homem" (Ap 1.13-16) e ainda "o Cordeiro" (Ap 5.8-14).

A terceira regra para interpretar um texto profético é saber que o tempo do cumprimento profético não obedece ao tempo meramente humano. Na mente de Deus, o seu *kairós (tempo)* não é medido pelo tempo do homem. O apóstolo Pedro entendeu essa questão e declarou em sua epístola: *"Um dia para o Senhor é como mil anos, e mil anos, como um dia" (2 Pe 3.8).*

A quarta regra para interpretar um texto profético é a lei da dupla referência. Uma profecia pode cumprir-se no próprio tempo em que foi dada a profecia e pode apontar para o futuro. O texto de Dt 28.58,64-66 pode elucidar esta regra da lei da dupla referência.

Algumas correntes de interpretação foram se formando ao longo da história da igreja e adotaram "linhas mestras" de interpretação para os livros proféticos, especialmente, Daniel e Apocalipse. Esses dois livros lançam luz reciprocamente e podem contribuir para o entendimento do plano de Deus, não só com Israel e a Igreja, mas para todo o mundo.

Capítulo 1

DANIEL, NOSSO "CONTEMPORÂNEO"

A história de Daniel é uma história de fidelidade a Deus, de integridade moral e de confiança no projeto divino.

Daniel é um personagem do Antigo Testamento que os estudiosos o identificam, antes de tudo, como um estadista na corte de impérios pagãos da Babilônia e da Pérsia. Na sua história de judeu criado e formado no palácio do reino de Judá, Daniel não exercia nenhuma atividade religiosa, pois não era da família sacerdotal, nem era um profeta. Entretanto, sua fidelidade a Deus e o seu temor demonstrado, deu-lhe o privilégio de ser alguém que Deus revelaria coisas profundas acerca do futuro do seu povo exilado na Babilônia.

Quando os livros do Antigo Testamento foram organizados, o livro de Daniel não constava na lista dos livros canonizados na primeira reunião de livros sagrados. O livro de Daniel só veio aparecer na terceira reunião de livros (*o kethubhim*), quando foram reunidos os livros proféticos denominados *"os Escritos"*. Uma das razões estava no fato de o livro de Daniel ter sido escrito muito tempo depois da maioria dos livros proféticos. O reconhecimento de que seu livro tinha um caráter profético tem o testemunho de Cristo que confirmou a historicidade de Daniel, o qual se referiu a ele como um profeta (Mt 24.15). Os biblicistas e teólogos reconhecem, ao longo da história, que Daniel foi um dos mais importantes profetas de Israel à semelhança de Isaías, Jeremias e Ezequiel. Suas profecias falam de um tempo específico do tratamento de Deus com o seu povo. São profecias relativas ao "fim do tempo", um período especial no mundo, em que Deus trataria especialmente com Israel e com todas as nações que se levantariam contra o povo de Deus naquele tempo. Suas profecias não são isoladas do restante das profecias bíblicas quanto ao futuro. Fatos e personagens, mesmo que demonstrados numa linguagem figurada, são identificados com outras profecias no Antigo e no Novo Testamento.

A vida e o ministério de Daniel, o profeta e estadista, desenvolveram-se em meio a grandes mudanças e transformações sociais, religiosas e políticas do mundo de então. Com o desaparecimento do Império Assírio em 606 a.C., entra no cenário o poderoso Nabucodonosor que se tornou um dos mais famosos reis de todo o "Fértil Crescente", cujo reinado durou 43 anos. Nesse período, Nabucodonosor foi um imperador tenaz e conquistador, além de ter restaurado cidades e templos em ruínas, ele construiu canais, represas e portos, contribuindo com a civilização daquela época. Foi ele que conquistou nações e, entre as quais, o reino de Judá e seus príncipes e sábios.

Daniel, Ananias, Misael e Azarias foram os jovens levados cativos, dos filhos de Judá, para o Palácio da Babilônia. A estes quatro jovens, Deus deu o conhecimento e a inteligência em todas as letras, e, a Daniel, deu entendimento em toda a visão e sonhos (Dn 1.17). A contemporaneidade de Daniel diz respeito ao fato de que as visões e revelações concedidas por Deus a ele têm uma abrangência profética aos nossos tempos.

Desde o período do cativeiro babilônico, passaram-se aproximadamente 2.500 anos (550 a.C. — 2.014 d.C.) e o profeta Daniel é, indiscutivelmente, um profeta que não ficou restrito ao passado. Daniel é um profeta para nossos tempos; é um profeta contemporâneo. O nome, a vida e a obra do profeta Daniel são um exemplo de um homem que, mesmo estando em circunstâncias adversas, em meio a uma cultura pagã, não perdeu o vínculo com o seu povo e com a sua fé em Deus. No Evangelho de Mateus temos um dos mais importantes discursos proféticos de Jesus no qual Ele cita o profeta Daniel (Mt 24.15). As profecias de Jesus tinham um caráter especial porque se referiam essencialmente ao povo de Israel. Entretanto, podemos perceber que as evidências proféticas não se restringiam apenas a Israel, mas tinham e têm um alcance e abrangência à toda a humanidade. A preocupação de Jesus era responder a algumas questões que os judeus faziam quanto à vinda do Messias para estabelecer o seu Reino na terra.

Alguns biblicistas e pesquisadores da história bíblica, ao analisarem o livro de Daniel do ponto de vista histórica-crítica, criaram dificuldades para aceitar o conteúdo profético e teológico do livro de Daniel. Porém, o cumprimento de algumas das profecias na história de Israel, não só deram credibilidade ao livro, como serve de base para o cumprimento do restante da profecia para o "fim do tempo" (Dn 8.17). Portanto, o livro de Daniel não pode ser relegado a um papel secundário no cânon das Escrituras. A igreja de Cristo reconhece o valor da história e da profecia desse livro e proclama a Fé no Deus Todo-Poderoso que controla e domina a história.

Para entendermos o livro de Daniel em termos de história e profecia, precisamos conhecer alguns elementos que dão consistência ao seu estudo.

I. O CONTEXTO HISTÓRICO DO LIVRO DE DANIEL

Ao estudar o livro de Daniel e para entendê-lo precisamos saber que esse livro não é ficção, mas está intimamente relacionado com todos os acontecimentos deste mundo em relação ao tempo, à geografia e à história. É um livro que tem data e foi escrito em determinada ocasião. Por isso, as profecias, mediante as visões e revelações de Deus dadas ao seu servo Daniel tem respaldo histórico. Os eventos proféticos nos levam a entender o plano divino para Israel e o resto do mundo.

A revelação do projeto de Deus com Israel

Existem fatos na história da humanidade que os historiadores e pesquisadores não conseguem explicar. São os fatos que envolvem a presciência divina. Deus, em sua presciência escolheu um homem do meio da humanidade existente para ser o protótipo de um projeto que o colocaria na história.

Esse projeto começou com um dos personagens mais extraordinários da Bíblia Sagrada chamado Abraão. Ele e sua mulher Sara (Gn 12.1-3) seriam o ponto de partida para o cumprimento desse projeto. De Abraão sairia uma família, uma raça, uma etnia especial que representaria os interesses de Deus na terra. Abraão e Sara, na sua velhice, geraram um filho especial chamado Isaque, o filho da promessa (Gn 15.4; 17.18; 21.1-3). Isaque se casa com Rebeca e gera dois filhos, os gêmeos Esaú e Jacó. Do segundo filho Jacó, com uma prole de 12 filhos foi formada uma nação, a nação projetada por Deus. A família de 12 filhos cresceu e, por esse modo, os desígnios de Deus para a semente de Abraão se cumpriam historicamente. Obedecendo ao propósito divino, esta família mudou-se, posteriormente, para o Egito. Naquela terra, a família aumentou em número tornando-se um povo gigantesco. Com a morte do antigo Faraó e morto, também, José, a família proliferou-se na terra do Egito, mas perdeu as benesses do tempo de José e passaram a viver como escravos por quatrocentos anos, até que Deus os tirou do Egito com mão forte e poderosa. Os filhos de Jacó tornaram-se conhecidos como os filhos de Israel. Saíram do Egito, por uma intervenção divina e viveram no deserto por quarenta anos sob a liderança de Moisés. A partir de então, esse povo viveu sob a égide de um governo diretamente de Deus, um governo teocrático, através de homens chamados para esse mister.

Deus estabelece um governo teocrático para Israel

Durante o período que Israel caminhou pelo deserto, o povo aprendeu a depender de Deus sob uma liderança teocrática através de Moisés. Quando Moisés morreu, Deus levantou Josué para substituí-lo e, sob o seu comando, Israel conquista a terra de Canaã. O período seguinte corresponde o dos juízes que dura aproximadamente trezentos anos, quando o governo teocrático continua. O período dos Juízes foi um período difícil porque Israel afastou-se da direção divina preferindo a Monarquia.

Deus permite a Israel um governo monárquico

Por cento e vinte anos o Reino de Israel esteve sob a liderança dos reis Saul, Davi e Salomão. Em 931 a.C., Salomão morre e inicia-se um período de decadência política, moral e religiosa. Seu filho Roboão assume a coroa, mas o reino acabou dividido em dois, o do Norte e o do Sul. O Reino do Norte, com dez tribos e o Reino do Sul com duas tribos. Em 722 a.C., a Assíria entrou nas terras de Israel e subjugou o Reino do Norte com todos os seus príncipes e líderes do povo, inclusive o rei. O Reino do Sul não foi por menos. O reino teve momentos de glória e de calamidade. Seus reis, alguns piedosos e outros ímpios deixaram o temor do Senhor e seus líderes religiosos perderam o respeito do povo e se corromperam. A Babilônia, através de Nabucodonosor entre 587 e 606 a.C, invadiu as terras do reino do Sul, quando reinava em Jerusalém o rei Jeoaquim, o qual estava sob o domínio do faraó do Egito chamado Neco (2 Rs 23.34). Nabucodonosor dominou Jerusalém e levou cativo os seus príncipes de Israel, entre os quais, Daniel. Toda essa história propiciou a intervenção divina na vida de Israel para preservação do projeto original.

A divisão política do Reino de Israel

Depois do reino de Salomão houve divisão em Israel. Dez tribos formaram o reino de Israel e duas outras tribos (Judá e Benjamim) formaram o reino de Judá. O reino de Israel, com as tribos do norte, foi tomado pela Assíria no ano 722 a.C., e o reino do sul (de Judá) foi tomado pela Babilônia em 586 a.C. Em 605 a.C., Nabucodonosor fez mais que dominar a terra de israel. No ano 605 a.C.,esse rei invadiu Jerusalém e levou cativos os nobres e todos os utensílios de valor, de ouro, prata e pedras preciosas. O rei Jeoaquim, rei de Judá não resistiu e tornou-se tributário da Babilônia, perdendo o domínio do seu reino e perdendo, também, os homens de confiança. Entre os cativos estava o profeta Ezequiel (2 Rs 24.8). O exército de Nabucodonosor destruiu o templo e saqueou a cidade de Jerusalém. Judá ficou arrasada política, moral e espiritualmente. A Babilônia se impôs com seu império por mais de quatro décadas. O povo de Israel foi humilhado, saqueado de seus pertences e tornou-se tributário da Babilônia.

O exílio inevitável na Babilônia

Quando uma liderança má perde sua relação com Deus como aconteceu com os últimos reis de Israel e de Judá, a tragédia espiritual, moral e material torna-se inevitável. O cativeiro profetizado por Jeremias de 70 anos na Babilônia teve o seu cumprimento (2 Cr 36.21). Por outro lado, Deus nos ensina a conhecer o traçado de seu caminho para que cumpramos seus desígnios, porque foi no exílio babilônico que Israel aprendeu a conhecer que Deus não aceita outro deus no seu lugar, como fez o rei Manassés adotando a idolatria no seu reino (2 Rs 21.11). A dispersão favoreceu a volta do seu povo à renovação da comunhão com o Deus de israel. Toda esta situação política propiciou a revelação de um projeto especial de Deus para com Israel. Para entendermos esta história precisamos conhecer aspectos gerais da importância do livro e da pessoa do profeta Daniel.

II. HISTÓRIA E PROFECIA DO LIVRO DE DANIEL

O livro de Daniel foi organizado de forma a distinguir duas partes distintas: a histórica e a profética. O Espírito Santo, sem dúvida, dirigiu a mente do autor a organizar seus escritos de forma a facilitar a compreensão dos leitores.

A parte histórica do livro

Nos seis primeiros capítulos do livro de Daniel temos o registro de algumas importantes experiências de Daniel e seus três amigos Ananias, Misael e Azarias.

Nos capítulos 2 e 4, Daniel interpreta dois sonhos de Nabucodonosor.

No capítulo 3, Daniel conta a experiência prodigiosa do salvamento de seus três amigos na "fornalha ardente", porque se negaram a se inclinar perante a estátua do Rei.

No capítulo 4, Daniel interpretou o segundo sonho de Nabucodonosor e já haviam se passado alguns anos e Daniel já não era um jovem, porque o sonho trazia a revelação dos anos de loucura de Nabucodonosor que aconteceram no final de seu reinado, e ele reinou por 43 anos (605 — 562 a.C.).

No capítulo 5, Daniel já era um idoso, talvez com 80 anos de idade aproximadamente. Foi quando Deus escreveu a escritura na parede, um pouco antes da queda da Babilônia para a Pérsia em 539 a.C.

No capítulo 6, quando Daniel tinha mais de 80 anos de idade, por inveja de outros príncipes do novo Império dos medos-persas, foi, então, armado um engodo político contra Daniel para tirar-lhe a liderança e a confiança que gozava da parte do Rei Dario. Esse fato culminou com uma punição injusta contra Daniel ao ser lançado na cova dos leões. Deus enviou o seu anjo que fechou a boca dos leões e Daniel foi milagrosamente salvo. Portanto, a parte histórica do livro dá testemunho da soberania de Deus sobre todas as nações, capaz de intervir quando lhe for conveniente no cumprimento de seus desígnios.

A parte profética do livro

No plano geral da revelação divina o livro de Daniel ocupa um lugar de suma importância. Sua parte histórica é cheia de experiências marcantes que revelam a soberania de Deus e o seu cuidado com aqueles que lhe são fieis. A parte profética contém predições escatológicas cujo cumprimento ainda não tem chegado.

Essa parte ocupa os últimos seis capítulos os quais trazem o registro de quatro visões proféticas dada especialmente a Daniel. Essas visões apresentam figuras simbólicas dos reinos gentílicos envolvendo tempos distintos nos quais Deus fará valer sua soberania no mundo, especialmente, com as nações que unirão para massacrar a Israel no tempo do Fim. Algumas dessas profecias já tiveram seu cumprimento na história e outras que se cumprirão no tempo que Deus estabeleceu para se cumprirem. Ao longo do estudo dessas profecias constataremos essas predições. As visões, portanto, se estendem para o futuro.

LUGAR, DATA E AUTORIA DO LIVRO DE DANIEL

Lugar e Data

Não há o que contestar o fato de que Daniel escreveu suas experiências e revelações enquanto estava no exílio na Babilônia, para onde fora levado ainda bastante jovem (Dn 1.3,4). Provavelmente, foi no exílio que ele veio a morrer, depois de presenciar a queda do Império Babilônico e a ascensão do Império Medo-persa. Nesse tempo, Daniel passou por vários reis e se manteve fiel a Deus. O cativeiro dos judeus durou 70 anos, ou seja, dos anos 605 a 536 a.C., e foi nesse tempo que Daniel reuniu suas memórias, porque as revelações proféticas cessaram logo após o cativeiro.

A autoria do Livro

Indiscutivelmente, foi o próprio Daniel quem escreveu o livro entre os anos 606 a 536 a.C. É interessante que Daniel quando escreve a parte histórica usa a 3ª pessoa, mas quando narra as quatro visões a partir do capítulo 7 até ao 12, Daniel sempre escreve na primeira pessoa e se identifica com a expressão: *"Eu, Daniel"*. Deduz-se, portanto, que ele iniciou escrevendo na Babilônia e o restante no palácio de Susã (Dn 8.2). O conteúdo do livro de 12 capítulos, 357 versículos foi escrito em hebraico e parte do texto a partir do capítulo 2.4 até o capítulo 7.28 foi escrito em aramaico. Dos capítulos 1 a 6 temos a parte histórica e nos capítulos 7 a 12 temos a parte escatológica, isto é, profética.

Quanto à pessoa de Daniel, há pouca informação da família de Daniel senão a de que ele era um nobre da linhagem real de Israel (Dn 1.3). Levado para a Babilônia ainda muito jovem destacava-se como sendo inteligente e instruído. Em sua vida religiosa Daniel possuía convicções firmes em Jeová, o Deus de Israel e foi contemporâneo de dois importantes profetas, Jeremias e Ezequiel, porque os mesmos exerciam seus ministérios em Jerusalém. Certamente, esses profetas deixaram profundas impressões na vida do jovem Daniel. Em 597 a.C., Ezequiel havia sido levado para a Babilônia e Jeremias para o Egito (Ez 43.6,7). O profeta Ezequiel foi marcado por uma profunda impressão de Daniel, citando-o no seu livro, como um homem de sabedoria e de justiça, colocando-o no mesmo nível de Noé e de Jó (Ez 14.14).

III. CARATERÍSTICAS DO LIVRO DE DANIEL

Na formação do cânon das Escrituras, alguns críticos literários da Bíblia, especialmente quando surgiu o liberalismo teológico, não reconheciam o livro de Daniel como autêntico, nem como inspirado. Entretanto, o livro de Daniel encontra-se na Bíblia hebraica entre "os Escritos" e não entre os "livros proféticos". Posteriormente, outros estudiosos reconheceram a autenticidade do livro de Daniel como livro, não apenas histórico, mas como "profético". Principalmente, a segunda parte do livro contém revelações proféticas que tratavam de fatos que já cumpriram, mas com revelações futuras, tanto em relação ao próprio povo de Israel, como em relação aos gentios. Em relação aos gentios, Deus revelou a Daniel o quadro futuro dos tempos dos gentios representado por figuras alegóricas. Portanto, o livro de Daniel pode ser classificado como apocalíptico porque desvenda o futuro do mundo, tendo o povo de Israel como ponto convergente para os fatos futuros.

CONCLUSÃO

Os ensinamentos práticos deste capítulo nos mostram a relação entre o homem Daniel que se dispõe a servir a Deus e manter sua integridade moral e espiritual sem fazer concessões ao sistema que servia a outros deuses. Aprendemos, também, que a história não é casual, mas tem a direção do Deus soberano para que todas as coisas contribuam para a sua glória e para a felicidade dos servos de Deus.

Capítulo 2

Firmeza de Caráter ante o Desafio Babilônico

Ter firmeza de caráter implica a disposição interior para se manter fiel aos princípios que regem a nossa vida cristã.

Este primeiro capítulo apresenta os personagens que são os protagonistas de episódios relatados nos capítulos seguintes. Eles revelam a capacidade de serem fieis a Deus mesmo quando as circunstâncias se mostram adversas. É a história de quatro jovens que não se corromperam, nem antes nem depois de se tornarem exilados numa outra terra e sob o domínio de um rei pagão.

Os seis primeiros capítulos do livro são históricos. Neles encontramos a história verdadeira de quatro jovens judeus, os quais, levados cativos para a Babilônia foram desafiados na sua fé em Deus. Dos quatro rapazes judeus, Daniel, Ananias, Misael e Azarias, é o jovem Daniel que ganha espaço nesta história pela demonstração de sua fé, fidelidade e integridade em meio a uma situação instável e oposta a tudo que conhecia no meio do seu povo.

Nesta história destaca-se a firmeza de caráter demonstrada pelos quatro jovens que deu a eles a capacidade de enfrentar o desafio à sua fé no Deus de Israel. Essa atitude significava a disposição interior e era fruto da formação moral e espiritual recebida de seus pais. Tratava-se de uma postura mais firme que colocava as suas vidas em risco por não obedecer a ordem do Rei que afetava a sua fé.

Neste início do século XXI, somos desafiados na nossa integridade como cristãos a termos uma postura que jamais renegue a nossa fé cristã. Haverá em nossos dias gente confiável? Para esse tempo de crise de integridade, a história de Daniel serve de modelo aos cristãos.

I – UMA RESTROSPECTIVA HISTÓRICA

A situação política do reino de Judá

"No ano terceiro do reinado de Jeoaquim" (1.1). Segundo alguns estudiosos da cronologia histórica que envolve o terceiro ano do reinado de Jeoaquim o tempo mais próximo foi entre 606 e 605 a.C. Nesse tempo, Nabucodonosor era o filho de Nabopolasar que era, tão somente, o herdeiro do trono da Babilônia. Porém, destacou-se quando fez campanhas de conquistas de outras terras em lugar de seu pai. Sua ascensão ao trono da Babilônia aconteceu em 605 a.C., mediante a vitória que teve em Carquemis assegurando aos babilônios a dominação sobre a Síria e a Palestina. Foi depois desta vitória que lhe foi dado o título de Rei da Babilônia. Foi em 605 a.C., que Nabucodonosor entrou em Judá e Jerusalém e confiscou utensílios de valor do templo de Jerusalém, levando-os para a Babilônia. Cumpria-se, então, a profecia de Isaías ao rei Ezequias muitos anos antes (Is 39.1-6). Outros profetas profetizaram sobre essa queda de Judá, através de Hulda, a profetisa (2 Cr 43.22-28), além dos profetas que profetizaram sobre o exílio de Judá na Babilônia, tais como Miqueias (Mq 4.10), Jeremias (Jr 25.11) e Habacuque (Hc 1.5-11).

"veio Nabucodonosor, rei da Babilônia a Jerusalém e a sitiou" (1.1). Houve três incursões do rei babilônico. Na primeira vez este rei levou os tesouros da casa de Deus no ano terceiro de Jeoaquim em 606 a.C. Na segunda incursão, Nabucodonosor fez a segunda deportação que foi no ano oitavo de Jeoaquim em 597 a.C. Na terceira incursão foi no ano 586 a.C., quando o templo foi saqueado, destruído e queimado, bem como a cidade e os muros de Jerusalém (2 Rs 25.8-21). Os utensílios do templo de Jerusalém consagrados a Jeová foram levados para a casa do *deus* de Nabucodonosor, porque atribuía suas conquistas ao seu deus.

"Jeoaquim, rei de Judá" (1.1). Os antecedentes históricos desse rei são cheios de maldade e rebelião contra Deus. Jeoaquim foi colocado no trono de Judá pelo Faraó-Neco, o rei do Egito (2 Rs 23.34) nos anos 608 a 597 a.C. Jeoaquim foi colocado no lugar de seu irmão Jeoacaz , que foi deposto pelo rei do Egito. No ano 606 a.C., Nabucodonosor invadiu Jerusalém, dominou a cidade e levou para a Babilônia os tesouros da casa de Deus (templo). Porém, as pretensões de Nabucodonosor foram além dos valores materiais de Jerusalém. Ele levou alguns nobres da casa real que eram versados em ciências e conhecimentos gerais, entre os quais, quatro jovens chamados Daniel, Hananias, Misael e Azarias. Em meio àquela crise espiritual do reino de Judá, esses jovens se mantiveram fiéis aos princípios ensinados e que foram testados logo.

A situação espiritual em Judá

"E o Senhor entregou nas suas mãos a Jeoaquim, rei de Judá" (1.2). Nas mãos de quem? Claro, nas mãos de Nabucodonosor. Esta declaração bíblica revela a soberania divina sobre os reinos do mundo. Ele tinha poder para tirar e colocar reis sobre as nações. Neste caso, Deus toma um rei inimigo do povo de Deus e o faz dominar sobre o rei de Judá e seu povo. Segundo a história, depois que Josias havia feito a grande reforma política e religiosa em Judá, os anos se passaram e os filhos de Josias se desviaram da fé de seu pai e foram muito ímpios. Os sacerdotes, o rei e todo o povo se endureceram espiritualmente. O próprio rei, Jeoaquim, "*endureceu a sua serviz e tanto se obstinou no seu coração, que se não converteu ao Senhor, Deus de Israel*"(2 Cr 36.13). A casa de Deus foi profanada com as abominações gentílicas e o coração de Deus foi entristecido.

"e uma parte dos utensílios da Casa de Deus, e ele os levou para a terra de Sinar" (1.2). Na verdade, Nabucodonosor não levou tudo o que havia no templo, apenas parte. Em outra incursão ele levou o restante, nada deixando em Jerusalém. Na verdade, ele destruiu a cidade para não ficar lembrança alguma na mente dos exilados (2 Cr 36.18). A terra de *Sinar ou Sinear,* fica na Mesopotâmia, ou seja, na Babilônia, o mesmo lugar onde foi construída a Torre de Babel.

Esse lugar era sinônimo de oposição a Deus, onde a perversidade fora marcante. Ao levar os utensílios do Templo judeu, Nabucodonosor desafiava ao Deus de Israel. Mais tarde, Belsazar profana os utensílios sagrados do templo de Israel no capítulo 5.

II – A FORÇA DO CARÁTER

A história de Daniel e seus três amigos, entre tantos outros exilados de Judá é um testemunho vibrante de que em meio à circunstâncias adversas é possível preservar valores morais e espirituais.

Neste capítulo, o caráter dos quatro jovens, especialmente, o de Daniel foi uma demonstração da formação que tiveram no Reino de Judá, a despeito da corrupção de alguns reis de Judá. Diante das ofertas palacianas e das exigências que feriam a fé que tinham no seu Deus, Daniel e seus companheiros foram valentes e corajosos ao rejeitarem as iguarias da mesa de Nabucodonosor.

A tentativa de aculturamento dos jovens hebreus

"Aspenaz, chefe dos eunucos". A palavra "eunuco" vem do hebraico *"soris"* (1.3) e pode referir-se a um oficial do palácio, ou homens que fossem castrados sexualmente para poderem servir na casa das mulheres do rei. Porém, não há nada absolutamente que prove que Daniel e seus três amigos foram castrados ou transformados em eunucos. Sabe-se que os quatro jovens eram de linhagem real do palácio de Judá e, por isso, altamente preparados para serem úteis no palácio. Esses dois versículos (1.3,4) falam de um *"chefe dos eunucos"* chamado *Aspenaz,* altamente qualificado para educar os jovens exilados levados para o Palácio da Babilônia. A despeito de eles serem educados em línguas e ciências, Nabucodonosor queria muito mais. Ele queria educá-los nas ciências dos caldeus para que tivessem conhecimento de astrologia e adivinhação, além de todo conhecimento que haviam recebido na sua terra em Judá. Percebendo que o plano de Aspenaz poderia envolve-los em costumes que afetariam suas vidas em relação ao seu Deus. Daniel e seus amigos, com sabedoria e respeito pela autoridade

de Aspenaz, procuraram um modo de convencê-lo de que tinham um plano especial, sem a necessidade de adotarem a dieta alimentar do palácio. Antes de tudo, os jovens judeus decidiram não se contaminar com as comidas e bebidas da mesa do Rei, as quais eram oferecidas aos deuses da Babilônia. Então Daniel e seus três amigos judeus, inteligentemente propuseram a Aspenaz adotarem uma dieta alimentar de frutas e verduras. Eles tiveram coragem e confiança no seu Deus porque tinham um caráter irrepreensível. A postura inteligente desses jovens revelava a força do caráter que tinham mesmo em circunstâncias adversas.

(1.5-7) Esses versículos demonstram que Nabucodonosor, através de seu servo imediato Aspenaz, queria o aculturamento babilônicos dos quatro jovens, além de outros mais de outras nações. Esse aculturamento requeria saúde perfeita e inteligência para poderem servir no palácio diante do Rei.

Porém, o que prevaleceu foi a força do caráter desses jovens que convenceu a Aspenaz de que a proposta de Daniel deveria ser experimentada. Por esse modo, os jovens superaram a ameaça de contaminação da dieta babilônica. Segundo as definições da Psicologia, "caráter é a parte enrijecida da personalidade de uma pessoa. Aqueles jovens hebreus tiveram uma formação de caráter invejável mediante o testemunho da história. Nabucodonosor sabia que para obter apoio da inteligência daqueles jovens precisaria que eles fossem aculturados, também, nas ciências dos caldeus. Aqueles jovens judeus tinham uma formação cultural e religiosa muito forte. A força da fé dos judeus era algo que aparecia em suas falas e convicções e não seria fácil fazê-los esquecer, por socialização, aculturamento e contextualização à cultura babilônica. Para essa finalidade, Aspenaz preparou, não só um programa cultural de língua e ciência, mas quis submetê-los a uma dieta alimentar da própria mesa do rei (1.5).

A integridade dos jovens hebreus colocada à prova (1.5-8)

(1.6,7) Essa prova começou com a troca de seus nomes hebreus, os quais tinham significados especiais de louvor ao Deus de Israel. A Daniel, cujo nome significa "Deus é meu juiz", deram-lhe o nome de

Beltsazar, nome dedicado ao deus Bel; a Misael que significa: "Quem é como Jeová"?, deram-lhe o nome de Mesaque, homenagem ao deus "Aku"; a Ananias, cujo nome significa: "misericordioso é Jeová", chamaram-lhe Sadraque, em homenagem ao deus Marduc; e Azarias, chamaram-lhe Abede-Nego, "servo de Nego". Eram nomes pagãos com o propósito de apagar o nome de Jeová na formação moral e religiosa desses jovens. Mas não conseguiram. A fé estava plantada no coração deles. Na verdade, Daniel e seus amigos foram colocados à prova numa terra estranha, com uma cultura que se chocava frontalmente com aquela que haviam recebido em Jerusalém. Essa provação não diminuiu a *integridade* moral e espiritual da vida desses jovens. Ora, que significa *integridade*? Pode-se definir *integridade* como solidez de caráter. Pode, também, significar o estado de ser inteiro, ser completo. Na história do livro, Daniel, em especial, a sua integridade resultava de sua formação de caráter. Ele assentou em seu coração não se contaminar com as iguarias da mesa do rei, que acima de tudo, eram iguarias oferecidas aos deuses do rei Nabucodonosor. Daniel e seus companheiros apesar de serem jovens, ainda bem novos, tinham a consciência de tudo quanto estavam vivendo naqueles dias, desterrados e humilhados era consequência do pecado do seu povo e do seu rei e nada tinha a ver com o Deus de Israel. O mundo de hoje oferece muitas iguarias mundanas para contaminar os servos de Deus, mas devemos nos exemplificar em Daniel e seus amigos. A fidelidade ao Deus de Israel e a integridade moral e espiritual desses jovens demonstraram que, a despeito do pecado do seu rei e do seu povo, eles permaneciam fiéis a Deus. Aprendemos com Daniel e seus amigos que a vida espiritual deles não consistia em meras tradições religiosas, mas consistia numa vida de comunhão com Deus. Eles mantinham a fidelidade ao seu Deus e guardavam a palavra de Deus no coração para não pecar contra Deus como viram o seu rei pecar (Sl 119.11).

Daniel e seus amigos rejeitaram as ofertas de uma falsa liberdade

A primeira sensação do exílio deve ter sido a pior possível. Estavam desterrados e desafiados a viverem um novo estilo de vida onde não teriam que prestar contas a ninguém, senão ao rei da Babilônia. Por outro lado, poderia nascer um sentimento de liberdade pessoal. Era, de fato, uma falsa liberdade que lhes oferecia o direito de fazerem o que quisessem.

Daniel e seus companheiros foram expostos às seduções de um novo sistema de vida que lhes daria facilidades e seduções que incitariam os desejos da juventude. A vida pagã estava à mostra e eles poderiam, se quisessem, adotar em suas vidas. Mas eles tinham em seus corações uma fé inabalável no seu Deus e não se deixaram atrair pelas paixões que a vida palaciana oferecia. Mesmo com todas as vantagens oferecidas no reino babilônico, Daniel não negociou sua fé no Deus de Israel. Ele não quebrou seu compromisso com Deus. Ele não banalizou sua crença nos valores morais e espirituais recebidos em Jerusalém. Nada o faria trair seu Deus, seu povo e sua fé.

III – A ATITUDE RESOLUTA DE DANIEL

Uma firme resolução de não se contaminar (1.8)

Quando Aspenaz, chefe dos eunucos recebeu ordens expressas de Nabucodonosor quanto a preparação daqueles jovens, não discutiria essa determinação palaciana. Reuniu os jovens hebreus e deu-lhes a ordem (1.5,6). Além da troca de seus nomes para apagar de vez com os vínculos religiosos que eles mantinham, Aspenaz lhes deu novos nomes pelos quais eles seriam identificados (Dn 1.7). Com a força de sua autoridade palaciana, Aspenaz passou-lhes a ordem direta de Nabucodonosor. Mas Daniel, apoiado por seus companheiros exilados, com atitude inteligente e prudente, convenceu a Aspenaz a aceitar a proposta de outra dieta alimentar que daria o mesmo resultado requerido. Daniel e seus amigos, inteligentemente não revelaram as razões de sua rejeição à dieta da mesa do Rei, mas, na verdade, eles propuseram entre si não queriam contaminar-se com as iguarias da mesa do rei que eram oferecidas aos deuses. Essa atitude corajosa de Daniel e seus amigos representava toda a fé que tinham no seu Deus a quem serviam e sabiam que seriam guardados do mal.

Daniel é um exemplo por excelência aos que servem a Deus

Mesmo tendo sido levado muito jovem para o exílio babilônico, Daniel conhecia a Deus e não o trocaria por iguaria alguma que lhe fosse oferecida. É um modelo para os jovens (Ec 12.1), como também foram outros jovens na história bíblica como Samuel (1 Sm 3.1-11), José (Gn 39.2), Davi (1 Sm 16.12), Timóteo (2 Tm 3.15). Durante toda a sua vida, Daniel foi um exemplo de fidelidade e de oração, pois orava três vezes ao dia, continuamente (Dn 6.10).

Daniel é um modelo de integridade numa sociedade corrupta

Apesar de todo o esforço de seus exatores que os trouxeram para uma terra estranha, com costumes e hábitos, dedicados a outros deuses, Daniel soube, durante toda a sua vida, manter-se íntegro moral e fisicamente. A tentativa de apagar a força e neutralizar a força de sua fé, os jovens hebreus permaneceram firmes e dispostos a não render-se, senão a Deus com suas próprias vidas. A mudança de nome não os fez esquecerem de sua fé e seu Deus Vivo e Poderoso (Dn 1.6,7). Nas atividades políticas soube conduzir-se, respeitando as autoridades superiores, sem trair a sua fé em Deus. Sabia cumprir seus deveres e, quando foi desafiado na sua fé a deixar de orar, ele não traiu o seu Deus.

A habilidade política de Daniel para manter seu propósito para com Deus (1.10-16)

(1.11-14) Daniel é conduzido ao chefe da cozinha que aparece no texto como *"despenseiro"* e responsável pela dieta dos príncipes que estavam na casa de Nabucodonosor a que aceitasse a proposta da dieta alimentar sem prejuízo para o mesmo. Esse chefe, era chamado no hebraico de *melsar*, uma palavra que deriva do acadiano *massaru*, cujo sentido é o de chefe da cozinha, ou seja, o despenseiro da cozinha do rei. Havia resistência para aceitar a proposta de Daniel, mas a habilidade com as palavras e sua capacidade persuasiva foram suficientes para convencer o chefe despenseiro da casa do rei. Ele não precisou mentir, nem usar de engano para convencer aquele alto funcionário do palácio. Daniel nos ensina que não precisamos usar de artifícios de engano para fazer coisas corretas. Precisamos confiar na sabedoria divina para agir com coerência e habilidade, sem precisar de artifícios mundanos para conseguir coisas.

(1.14-16) Nestes dois versículos temos o resultado da experiência proposta por Daniel de *"dez dias"* (v.14). Deus abençoou aos jovens hebreus naqueles dez dias e ao final quando foram se apresentar diante do Rei, a aparência física deles era superior aos demais que haviam obedecido a dieta do palácio. Essa autodisciplina dos jovens hebreus tinha a ver a aprovação de Deus, e por esse modo que eles demonstraram a força de sua fé e do seu caráter fortalecido em situações difíceis.

IV – A SUPERAÇÃO ANTE O DESAFIO BABILÔNICO (1.17-21)

A superação pela fidelidade a Deus

(1.17) Neste versículo a poderosa mão de Deus dirigiu todo o curso dos acontecimentos (vv.2, 9) , bem como, a saúde física, o vigor intelectual e a capacidade de superar inteligências comuns. O texto diz que *"Deus lhes deu"* tudo aquilo que os outros príncipes do palácio não tinham. Deus era a fonte de todo o conhecimento concedido aos jovens hebreus, além da capacidade de discernir o certo do errado. Mais que a cultura babilônica era a cultura geral que os jovens hebreus receberam para saber se conduzir no palácio e gozar da confiança do Rei Nabucodonosor.

(1.18-20) Havia um grau de exagero retórico de Nabucodonosor quando referiu-se aos jovens hebreus como demonstrando habilidades *"dez vezes mais doutos que os demais"* (v.20). Na realidade, essa constatação do Rei demonstrou a sua admiração por esses jovens. Mas havia em tudo isso, o dedo de Deus dirigindo a vida desses hebreus, de modo a que seu nome fosse glorificado diante da glória efêmera de Nabucodonosor.

"E Daniel permaneceu até ao primeiro ano do rei Ciro" (1.21). É interessante notar que esse capítulo tem um caráter histórico no qual o autor relata os aspectos principais dessa história. O reinado do

rei Ciro, da Pérsia, conhecido como "*o Grande*", é um vislumbre do futuro de 70 anos depois de Nabucodonosor. Ciro conquistou a Babilônia em 539 a.C. De sua juventude quando foi exilado para a Babilônia por Nabucodonosor haviam se passado 70 anos e já tinha aproximadamente 85 anos quando os persas conquistaram a Babilônia. Os capítulos 5 e 6 do livro retratam esse tempo.

"*e Daniel permaneceu até...*" (1.21). Por um desígnio de Deus, Daniel permaneceu como oficial do império de Nabucodonosor até Ciro da Pérsia durante todos esses anos do cativeiro de 70 anos dos judeus em terra estrangeira, porque estava predito em profecias, especialmente, de Jeremias. Nestes 70 anos de cativeiro, Jerusalém foi invadida e saqueada da sua riqueza. Houve deportação em massa dos judeus e tudo isso porque "*Joaquim, rei de Judá, fez o que era mau aos olhos do Senhor*" (2 Rs 24.8,9).

CONCLUSÃO

A grande lição que aprendemos com Daniel e seus amigos é que, ao rejeitarem os manjares da mesa do rei da Babilônia é possível ser feliz no mundo moderno sem se contaminar. A tentação dos pratos babilônicos não é diferente dos que são oferecidos em nossos dias. As iguarias do sistema mundano tem feito cair muitos servos de Deus. Hoje, alguns cristãos modernos, confundem contextualização com absorção dos manjares modernos que contaminam a vida cristã. Não temos de nos envergonhar da nossa fé, nem precisamos escondê-la, muito menos engessá-la e torná-la figura de retórica. Temos que acreditar que a fé verdadeira se torna uma fonte de energia para nossas forças intimas para enfrentar as adversidades. Essa experiência de Daniel nos leva a fazer uma analogia dos seus dias com a realidade do mundo moderno. Por isso, no meio de uma geração corrompida, guardar o coração para o Senhor é uma vitória.

Capítulo 3

O Deus que Intervém na História

Deus intervém na história para que os seus servos não sejam humilhados e para a glorificação do seu nome.

O capítulo dois do livro de Daniel se constitui da revelação do plano divino para com o povo judeu e os povos gentios, para os quais Deus revela a sua soberania sobre os governos mundiais e o estabelecimento do reino messiânico. Deus intervém na história para fazer valer seus desígnios na vida da humanidade. Neste capítulo, a Babilônia aparece como dona do mundo e Nabucodonosor é o grande rei. Aproximadamente em 604 a.C., num período em que a Babilônia atingiu o seu apogeu, quando, de repente, a tranquilidade de Nabucodonosor foi ameaçada por um sonho perturbador que o deixou sem dormir. Por providência divina, o rei esqueceu o sonho para que os desígnios divinos fossem revelados ao profeta visionário Daniel. Na primeira parte do capítulo 2 temos a intervenção divina para salvar Daniel e seus amigos. A ordem do texto ajudará a entender como Deus trabalha nas circunstâncias adversas.

I – O SONHO PERTURBADOR DE NABUCODONOSOR (2.1-15)

O tempo do sonho (v.1)

"E no segundo ano do reinado de Nabucodonosor" (2.1). Daniel volta aos primeiros anos de sua vida no Palácio da Babilônia entre os anos 603 e 602 a.C., e relata a experiência que teve

com Nabucodonosor quando o mesmo teve um sonho. O texto apresenta um aparente conflito de datas quando fala do *"segundo ano do reinado de Nabucodonosor"*, porque no primeiro capítulo nos deparamos com os três anos de treinamento de Daniel e seus companheiros. Segundo os historiadores, tanto os judeus quanto os babilônios contavam as frações de um ano como um ano inteiro, por isso, a vigência do terceiro ano, obedecia a cronologia do calendário da Babilônia. Os estudiosos procuram aclarar essa cronologia em que explicam o seguinte: No ano 605 a 604 a.C., Nabucodonosor torna-se rei. Era seu primeiro ano de reinado, quando Daniel e seus companheiros tiveram o seu primeiro treinamento palaciano. Em 604-603 a.C., no segundo ano de Nabucodonosor, foi quando o mesmo teve o sonho e ficou perturbado pela lembrança e os detalhes do mesmo. Já era o terceiro ano de treinamento de Daniel e seus companheiros, quando deveriam se apresentar diante do rei.

"Nabucodonosor teve sonhos" (2.1). Entre os muitos modos de Deus falar e revelar a sua vontade aos homens estão os sonhos. É uma via especial pela qual Deus revela sua vontade. Segundo o *Dicionário Aurélio*, "sonho pode ser "sequência de fenômenos psíquicos com imagens, atos, figuras e ideias que, involuntariamente ocorrem durante sono de uma pessoa". Pode ser a sequência de pensamentos, de ideias vagas, mais ou menos agradáveis, mais ou menos incoerentes, às quais o espírito se entrega em estado de vigília. Naturalmente, temos que entender que nem todo sonho é alguma revelação. Sabe-se, também, que os sonhos podem advir de imagens que o subconsciente absorve durante o dia e que se manifestam durante o sono. Às vezes, incompreensíveis e fantasiosos e, outras vezes, com sequência de imagens que se formam na mente e expressam a preocupação que está na mente da pessoa. No campo espiritual, Deus se utiliza desses recursos da natureza humana para falar aos seus servos. Não existe uma regra que favoreça a ideia de que Deus tenha que falar por meios de sonhos e visões. É apenas um modo pelo qual Deus se revela, tanto a crentes como a não crentes. Nabucodonosor era um rei pagão que servia a outros deu-

ses, mas o Deus de Daniel usou uma via indireta de revelar a esse rei o seu próprio futuro e o das nações do mundo.

"e o seu espírito se perturbou, e passou-lhe o sono" (2.1). Não foi a primeira vez que Deus falou a pessoas que não lhe serviam nem o reconheciam como Deus. Nos tempos de Faraó do Egito, quando a família de Israel ainda se formava, para ser o grande povo, posteriormente, Jeová deu sonhos a Faraó. José, como escravo no Egito, e vendido por seus irmãos, foi o homem que Deus escolheu para aparecer diante de Faraó e revelar-lhe os detalhes do seu sonho (Gn 41). O sonho de Faraó tinha a ver com o seu próprio reino no Egito. Porém, a Nabucodonosor, rei da Babilônia, Deus revelou em sonho a política mundial a partir do seu próprio império. Naturalmente, o seu sonho era fruto de sua preocupação com o futuro do seu império. Ele se perturbou em espírito porque precisava entender do que se tratava aquele sonho. Deus intervém de modo espetacular para honrar os seus servos que viviam naquele palácio e Daniel foi lembrado como alguém que sabia interpretar sonhos.

A habilidade dos sábios do palácio é desafiada

"o rei mandou chamar" (2.2). O rei desafiou a habilidade desse grupo de sábios, magos, adivinhos e encantadores dentro do palácio para que revelassem o seu sonho e dessem a interpretação. Nabucodonosor ficou agitado pelo sonho, mas o esqueceu. Entretanto, o rei sabia que o sonho era importante e que trazia uma simbologia relacionada com o seu reino e o seu futuro. Naqueles tempos os reis tinham a pretensão de serem privilegiados com sonhos divinamente inspirados (1 Rs 3.5-14; Gn 20.3). Porém, quando não podiam interpretá-los, convocava os sacerdotes caldeus que serviam na corte para que adivinhassem e interpretassem os sonhos (1.4).

"magos, os astrólogos, os encantadores e os caldeus" (2.2). O Império Babilônico tinha uma mescla de culturas e religiões. Essa casta de *"magos, astrólogos, encantadores e caldeus (sábios)"* serviam no palácio para prescreverem, adivinharem, promoverem encantamentos e os caldeus eram próprios da Babilônia. *Os magos* possuíam conhecimentos nas ciências ocultas; *os astrólogos* procuravam ler os corpos

celestes para predizerem eventos futuros; *os encantadores* realizavam exorcismos e invocavam os espíritos malignos e dos mortos; *os caldeus* pertenciam a uma casta de sacerdotes dentro do Palácio que lidavam com mistérios e códigos próprios para adivinharem e interpretarem sonhos. Neste contexto, Daniel e seus companheiros ainda não faziam parte oficialmente dos que se apresentavam diante do Rei, porque estavam no período do treinamento imposto pelo Rei. Porém, a ira de Nabucodonosor se acendeu de tal modo que não escaparia ninguém que estivesse dentro do palácio sem sofrer a pena do rei.

O fracasso da sabedoria pagã (2.3-13)

"E os caldeus disseram ao rei em aramaico" (2.4). É interessante destacar que o aramaico era a língua dos caldeus que se originou na Mesopotâmia e se estendeu até o Ocidente. Como o aramaico era a língua oficial do império, Daniel, conhecedor da língua, não só falava o aramaico, mas a partir de Daniel 2.4 até ao final do capítulo 7 do seu livro, Daniel escreveu somente em aramaico, que era a língua popular imposta pela Babilônia. Posteriormente, o povo judeu adotou o aramaico como língua do dia a dia judaico até a chegada do domínio grego. A língua grega foi adotada pelo povo judeu, mesmo que não tivessem abandonado o hebraico tradicional do povo judeu.

A dificuldade dos caldeus e seus magos para trazerem à tona o sonho do rei (2.4). Nabucodonosor suspeita que os seus magos e encantadores se aproveitavam da situação para quererem usar de engano com vãs palavras e os ameaça com pena de morte (2.13). Essa casta de sábios, magos e encantadores era mantida pelo palácio para prestarem serviços especiais ao Rei. Porém, diante do desafio, eles foram incapazes e inoperantes para revelarem o sonho do rei. Por isso, o rei deu o decreto segundo o qual deviam ser mortos todos os sábios do palácio, uma vez que não podiam resolver o problema do rei.

O conflitivo diálogo do Rei com os sábios e magos do palácio (2.5-9). Nenhum homem das castas sacerdotais e dos sábios conseguiu descobrir o sonho do rei. A tensão palaciana provocou a ira do rei que esperava daqueles homens respostas que eles não podiam dar. Nenhum deles pode trazer à lembrança o sonho do rei. O rei ameaçou com a pena de morte para aqueles sábios e magos que viviam à custa do palácio e não podiam resolver o problema do rei. Estava entre os sábios do palácio, Daniel e seus companheiros, ainda não oficialmente apresentados diante do rei, acabaram por correr o risco de morte com os outros sábios do palácio.

O desespero dos caldeus e sábios do palácio (2.10,11). Os caldeus e todos os sábios do palácio, desesperados ante a ameaça de Nabucodonosor, apenas disseram ao rei: *"Não há ninguém sobre a terra que possa declarar a palavra ao rei"* (2.10). No versículo 11 está escrito assim: *"Porque o assunto que o rei requer é difícil; e ninguém há que o possa declarar diante do rei"*. Ora, esses sábios e magos do palácio não só confessavam sua incapacidade de revelar o sonho, mas admitiam que, apesar de suas pretensões de comunicação com os espíritos, reconheciam que havia algo mais poderoso que eles referem-se a *"deuses cuja morada não é com a carne"* (v.11). Todos os demais sábios do palácio eram politeístas. Somente Daniel e seus amigos eram monoteístas. Quando Daniel teve a oportunidade de se apresentar diante do Rei, disse-lhe: *"Há um Deus no céu, o qual revela os mistérios"* (2.28).

II – A INTERVENÇÃO DIVINA NO MOMENTO CERTO (2.14-18)

Deus não pode errar. A contagem do tempo de Deus não falha. No exato momento em que se precisa da sua ação, Ele age. A sua Palavra diz: *"Operando eu, quem impedirá?"* (Is 43.13). Havia um propósito divino para o exílio dos seus servos e Deus não deixaria se escarnecer perante o mundo pagão.

A atitude de Daniel que adiou a sentença de morte dos sábios da Babilônia

Daniel *"falou avisada e prudentemente com Arioque, o capitão da guarda do rei"* (2.14). Quando o chefe da Guarda do rei recebeu ordens para matar a todos os sábios da Babilônia, inclusive a Daniel e seus companheiros, Deu entrou em ação interferindo naquele episódio. Ele deu inteligência a Daniel para falar com Arioque e pedir-lhe tempo para a execução ordenada pelo rei. Arioque deu a entender que não poderia adiar o mandado do rei (2.15). Daniel pediu que Arioque pedisse ao rei para ser ouvido e foi-lhe concedida a audiência com o Rei. Daniel achou graça diante de Arioque porque Deus amenizou seu coração para que a soberana vontade de Deus prevalecesse naquele situação. Foi-lhe concedida a oportunidade de se apresentar diante do Rei e ele, com respeito ao Rei e com palavras prudentes se identificou e pediu tempo ao rei para trazer, posteriormente, a revelação do sonho.

Daniel pede tempo ao Rei para trazer a revelação (2.16). Daniel foi ousado com a iniciativa de entrar na presença do rei e pedir-lhe tempo a fim de poder trazer-lhe a revelação do sonho. Sua ousadia não era essencialmente dele, porque Daniel tinha algo muito mais forte que era a sua fé no seu Deus, o Deus de Israel. Daniel conhecia o seu Deus e havia entendido que nada há que não possa ser revelado por Ele. Daniel convidou seus amigos para orarem ao Senhor com eficiência, até porque suas vidas estavam sob a mesma pena emitida pelo rei contra todos os sábios do palácio. Ele não agiu isoladamente, mas procurou seus amigos Ananias, Misael e Azarias para orarem a Deus e obterem a resposta divina. Ele sabia que o mistério do sonho do rei só poderia ser revelado através da oração. Ele sabia que a oração é o canal mais eficaz de obter respostas de Deus às nossas necessidades (2.17,18). Os sonhos são um dos modos de Deus falar com o homem e revelar sua vontade.

A revelação dos mistérios de Deus pela oração (2.18,19)

"Então foi revelado o mistério a Daniel numa visão de noite" (2.19). No versículo 18 está escrito que "*Daniel foi para a sua casa*" que era o lugar da sua intimidade com Deus, onde ninguém mais o perturbaria. Foi na sua casa que ele pediu ao Pai que revelasse aquele mistério a fim de salvar a sua própria vida e a dos seus amigos hebreus, bem como dos demais sábios do palácio. Sua intimidade com Deus lhe propiciou a graça divina para re-

ceber a revelação do sonho do rei em visão de noite. Uma prova indiscutível de que Deus se utiliza desses meios para revelar a sua glória aos seus servos.

Daniel oferece a Deus sua ação de Graças pela revelação (2.20-23)

Daniel exalta a Deus reconhecendo que Ele tem todo o poder e sabedoria acima do poder de Nabucodonosor e de todos os sábios e poderosos do mundo. Só Ele poderia revelar, por sua onisciência, as coisas obscuras ao homem comum. A resposta veio a Daniel em sonho pelo qual ele bendisse ao Senhor (vv.19,20). Como Criador do universo, a terra estava sob o seu controle e providência, porque só Ele tem o poder de mudar o tempo e as estações do ano (v. 21; At 1.7).

Daniel teve a revelação e imediatamente foi procurar o homem responsável por cumprir a ordem do rei. Contou-lhe o que Deus lhe revelara e pediu que o mais depressa possível o introduzisse à presença do rei para contar-lhe a revelação do sonho real. À semelhança do que Deus revelou a José no Egito (Gn 41), Daniel foi agraciado por Deus pela revelação .

Daniel revela ao rei que o sonho tinha um caráter profético e escatológico (2.26-29)

"Podes tu fazer-me saber o sonho que tive e a sua interpretação?" (2.26). O rei Nabucodonosor está ainda incrédulo de que aquele jovem ousado pudesse trazer a revelação do seu sonho. Ele não conhecia o poder do Deus de Daniel. Deus não se deixaria zombar por um rei pagão, adorador de deuses fictícios existentes na Babilônia. Daniel não se engrandece nem ostenta qualquer virtude própria capaz de revelar segredos. Daniel foi objetivo e demonstrou sua audácia diante do rei, não se apressando em dar a revelação do sonho antes de dizer ao rei que ele não era mais sábio que os demais, destacando o fato de que a revelação devia-se unicamente ao seu Deus, ao Deus de Israel, cujo propósito era o de tornar conhecidos os seus planos ao rei da Babilônia.

"Há um Deus no céu, o qual revela os mistérios" (2.27). Daniel fez questão de dizer ao rei que o mistério do seu sonho *"nem sábios, nem astrólogos, nem adivinhos o podem declarar ao rei"* (v. 27), mas fez questão de ressaltar que *"há um Deus no céu o qual revela os mistérios"* (v. 28). O sonho do rei dizia respeito ao próprio reino da Babilônia, mas continha uma visão futura dos próximos reinos que haveriam de suceder ao reino da Babilônia. Daniel usou a expressão *"fim dos dias"* (v.28) que é escatológica e não significa simplesmente a sucessão dos impérios representados no texto. Segundo a escatologia judaica do Antigo Testamento *"o fim dos dias"* pode significar todo o espaço de tempo desde o começo do cumprimento da profecia até a inauguração do reino messiânico na terra.

A preocupação do Rei com o seu reino no futuro (2.29)

No sonho do rei, ainda que ele tenha tido dificuldades para entender o seu significado, estava revelado o porquê do sonho, ou seja, causa ou o motivo do sonho que dizia respeito à preocupação do rei quanto ao seu futuro e o futuro do seu reino. Na verdade, Deus usou um ímpio para algo especial acerca do futuro do povo de Israel e das nações do mundo. O esquecimento do rei acerca do seu sonho e a inquietação acerca do mesmo por não ter se lembrado tinha o dedo de Deus para revelar a sua glória através do seu servo Daniel.

"a mim me foi revelado esse mistério" (2.30). Não havia presunção ou vaidade no coração de Daniel quando atribui a si a revelação do mistério, mas era uma demonstração da sua humildade e reconhecimento pela soberania do seu Deus. Daniel professa solenemente que não há nenhum mérito seu na revelação do mistério, mas a glória pertence ao Deus que revelou a ele, por sua imensurável graça e poder.

III – DANIEL CONTA O SONHO E DÁ A SUA INTERPRETAÇÃO (2.31-45)

A correta descrição do sonho (2.31-35)

O sonho de Nabucodonosor tinha uma estrutura de uma mensagem profética. Os estudiosos veem o capítulo 2 apenas numa perspectiva histórica, porque os quatro impérios pagãos que a visão anunciava já passaram. Porém, a visão tinha também um sentido escatológico, porque estabelece ao final o reino universal de Cristo. É algo que Deus tem preparado para o futuro. A visão contém quatro divisões principais.

A imagem da grande estátua (2.31-33)

A estátua que Nabucodonosor viu tinha uma cabeça de ouro (v.32); o peito e os braços eram de prata (v.32); o ventre e as coxas da estátua eram de cobre (v.32); as pernas eram de ferro (v.33) e os pés da estátua continham ferro e barro (v.33). No versículo 34 temos *"uma pedra que foi cortada, sem mãos"*, a qual feriu a estátua nos pés destruindo-a completamente. Naqueles tempos, o misticismo e a utilização de figuras de representação faziam parte das crendices existentes na cultura pagã. Na mente de Nabucodonosor havia essa cultura e Deus aproveita para revelar realidades presentes e futuras daquele império através de sonhos. Todavia o rei esqueceu o sonho mas sabia que havia sonhado algo importante que tinha algum significado para si mesmo e para o seu império.

A interpretação dos elementos materiais da grande estátua (2.34-45)

Em primeiro lugar, *"a cabeça de ouro"* (vv.32,36-38) representava o próprio Rei Nabucodonosor, o rei mais poderoso da terra na época. Sua palavra era lei e governou por 41 anos e transformou a Babilônia no maior império do mundo. Obteve grandes conquistas e alargou suas fronteiras e domínio tomando posse das riquezas das nações conquistadas, inclusive dos reinos de Judá e de Israel. Em segundo lugar, *"o peito e os braços de prata"* (vv.32,39) simbolizavam o império que sucedeu a Nabucodonosor, o Império Medo-persa. *Os dois braços* ligados pelo peito simbolizam a união dos medos e dos persas. Nesse tempo prevaleceu muito mais as leis instituídas que a autoridade dos reis desses povos. Em terceiro lugar, Daniel fala do *"ventre e os quadris"* da estátua (vv.32,39) que eram de cobre e representavam o terceiro reino que sucedeu ao medo-persa, o Império Grego. Foi Alexandre Magno, o grande rei e general, que dominou o mundo inteiro até desintegrar-se com a sua morte. Em quarto lugar, aparece as *"pernas de ferro"* (v.33,40-43) que representavam o último império dessa visão, o Império Romano. Esta interpretação baseia-se na visão política de um rei pagão. Em quinto lugar, *"os pés de ferro e barro"* indicavam a fragilidade dessa grande estátua. A mistura de ferro e barro não dá liga, nem sustenta aquele império que viria, o Romano. Ainda que não seja citado o Império Romano, o contexto histórico e profético denuncia que se tratava desse império. As pernas de ferro indicavam a dureza do poder militar que tornou Roma muito forte, mas diluiu-se moralmente demonstrando a fragilidade do barro. Os elementos constitutivos da estátua são materiais porque indicam esta visão política para a compreensão de Nabucodonosor.

A intervenção divina com "a pedra cortada, sem ajuda de mãos" (2.45)

Os reinos descritos de cima para baixo representados na grande estátua revelam a progressiva decadência dos reinos desse mundo, pois começam no ouro e terminam no barro. Esta "pedra" representa o reino que virá que é o Reino messiânico de Cristo intervindo no poder dos reinos do mundo. Ele é a pedra cortada que virá para desfazer no último tempo o poder mundial do Anticristo (Dn 2.45; Sl 118.22; Zc 12.3). O sentido da pedra cortada vinda do monte indica figuradamente a vinda de Cristo que esmiuçará o domínio configurado dos 10 dedos dos pés da estátua, formando um grande montão (Dn 2.44,45).

CONCLUSÃO

Essa revelação provou ao rei Nabucodonosor que o Deus dos quatro jovens hebreus era o único Deus que podia intervir na história das nações diante de todo o império (Dn 2.46-49).

Capítulo 4

Daniel Interpreta o Sonho de Nabucodonosor

Dn 2.31-49

No capítulo anterior (2.1-34) Deus entra na história dos reinos mundiais e interfere, especialmente, no Império Babilônico sob o cetro do presunçoso rei Nabucodonosor. O Deus de Israel pune os reinos de Judá e de Israel pela prevaricação dos seus reis, especialmente, o rei Jeoaquim do reino de Judá, entre 606 e 605 a.C. e permite a invasão babilônica em Jerusalém, levando cativos alguns príncipes, entre os quais Daniel, Ananias, Misael e Azarias. Os jovens hebreus se destacavam pela sabedoria e pelo temor a Jeová. Naqueles dias, a ambição de Nabucodonosor chegou a um clímax tal que o fez preocupar-se com o seu futuro e o que aconteceria com o seu reino depois que ele morresse (2.1). Em meio as suas preocupações ele teve um sonho perturbador que lhe tirou o sono, mas esqueceu-se do sonho. Porém, entendeu que o sonho era importante porque trazia mistérios em seu conteúdo. No texto de Daniel 2.1-30, o rei teve o sonho, mas o esquecendo, convocou a todos os sábios, magos, encantadores e astrólogos para que revelassem o sonho, mas não puderam trazer à memória o sonho do rei (2.3-13). O rei se enfurece contra estes homens e os ameaça matar porque não conseguiam trazer à lembrança o seu sonho. Deus entra em ação através de Daniel para o qual foi revelado o sonho e a sua interpretação (2.14-18).

I – A CORRETA DESCRIÇÃO DO SONHO

"Tu, ó rei" (2.31). O rei Nabucodonosor tem no seu nome sua dedicação ao *"deus Nabu"* que significa "Nabu tem protegido minha herança". Sua história conta de sua liderança à frente dos exércitos babilônicos obtendo grandes vitórias. Os deuses Marduque, Nabu, Shamash, Sin, Gula e Adade, dentre outros, tinham altares em toda a Babilônia. Nabucodonosor era um construtor de cidades com uma capacidade de planejamento espetacular, segundo a história. A estátua tinha uma forma humana e tinha um aspecto de realeza a partir da própria cabeça da estátua que era de ouro. A estátua era feita com cinco materiais, quatro deles eram metais (ouro, prata, cobre, ferro e barro). Era imponente, lustrosa e admiravelmente assustadora. Na verdade, essa estatua magnífica representava os reinos do mundo, a partir do reino babilônico, o reino medo-persa, o grego e o romano. Ele era capaz de alargar seu domínio e sua inteligência era respeitada por todas as nações da época. Foi ele que organizou com seus sábios uma legislação que ficou conhecida como o "Código de Hamurabi".

"*eis aqui uma grande estátua*" (2.31). Não era um ídolo, mas uma estátua que representava os impérios mundiais. A estátua era colossal e admiravelmente assustadora. A visão da estátua no sonho do rei era esplendorosa e foi colocada diante do rei em seu sonho.

"a cabeça daquela estátua era de ouro fino" (2.32). De cima para baixo, temos em primeiro lugar *"a cabeça de ouro"* (vv.32,36-38) que representava o próprio Rei Nabucodonosor, o mais poderoso da terra na época. Sua palavra era lei e governou por 41 anos e transformou a Babilônia no maior império do mundo. Obteve grandes conquistas e alargou suas fronteiras e domínio tomando posse das riquezas das nações conquistadas, inclusive dos reinos de Judá e de Israel.

"o seu peito e os seus braços, de prata" (2.32,39) e simbolizavam o império que sucedeu a Nabucodonosor, o Império Medo-persa. *Os dois braços* ligados pelo peito simbolizam a união dos medos e dos persas. Nesse tempo prevaleceu muito mais as leis instituídas que a autoridade dos reis desses povos.

"o seu ventre e as suas coxas, de cobre" (2.32). Em terceiro lugar, o *"ventre e os quadris"* da estátua (vv. 32,39), que eram de cobre, repre-

sentavam o terceiro reino que sucedeu ao medo-persa, o Império Grego. Algumas versões da Bíblia traduzem "bronze" por "cobre" por serem metais muito parecidos. A revelação do sonho teve seu cumprimento na história aproximadamente em 539 a.C. Surgiu Alexandre Magno como o grande líder mundial. Era um homem de guerra, general dos exércitos que levou a conquistar muitos países. Foi capaz de dominar o mundo de então até desintegrar-se com a sua morte e dividir o Império Grego por quatro dos seus generais.

"as pernas, de ferro" (2.33). Percebe-se que os metais da estátua vão diminuindo em valor. As *"pernas de ferro"* (vv.33,40-43) representavam o último império dessa visão, o Império Romano. Esta interpretação baseia-se na visão política de um rei pagão. Na realidade, as duas pernas da estátua indicam a divisão do império em duas partes representadas pelo Ocidente através de Roma e o Oriente, por Constantinopla, conhecido como o Império Bizantino.

"os seus pés, em parte de ferro e em parte de barro" (2.33). Esta quinta parte da estátua tem a mistura de ferro e barro e indicavam a fragilidade dessa grande estátua. A mistura de ferro e barro não dá liga, nem sustenta aquele império que viria; o Romano. As pernas de ferro indicavam a dureza do poder militar que tornou esse império muito forte, mas diluiu-se moralmente demonstrando a fragilidade do barro. Foi um império que durou até Constantino em 330 d.C. Os elementos constitutivos da estátua são materiais porque indicam esta visão política para a compreensão de Nabucodonosor.

II – A INTERVENÇÃO DIVINA (2.36-45)

"o Deus dos céus te tem dado o reino" (2.37). Confiante da revelação divina, Daniel proclama ousadamente a soberania do Deus Altíssimo para o rei Nabucodonosor. Declara que o Deus dos céus, o Deus de Israel é o único que sabe todas as coisas e perscruta o nosso interior. Nos versículos 31 a 35, Daniel revela o sonho esquecido pelo Rei e relata detalhes que fizeram parte do sonho do rei. O monarca ficou pasmado diante de Daniel. Nos versículos 36 ao 38, Daniel amplia a visão do rei sobre o seu reinado afirmando-lhe que todo o domínio que ele tinha na terra fora dado pelo Deus do céu.

"Tu és a cabeça de ouro" (2.38). Com esta declaração Daniel dá a interpretação do sonho ao rei e declara que o seu reino fora dado por Deus, quando diz: *"Tu, ó rei, és rei de reis, pois o Deus dos céus te tem dado o reino"*. Ao declarar enfaticamente: *"Tu és a cabeça de ouro"*, Daniel estava enfatizando ao rei que a cabeça é a parte principal do corpo e se distingue das demais parte de um corpo, porque é a cabeça que mantém a unidade do corpo e por ela exerce domínio total sobre o corpo. O ouro é o metal mais nobre e precioso de todos os metais, se o Rei Nabucodonosor é a "cabeça de ouro" da figura da estátua, deveria reconhecer que o seu domínio não é maior que o domínio do Todo-Poderoso Deus dos céus. Daniel foi muito sábio com as palavras e reconhece a realeza de Nabucodonosor, mas tinha autoridade para dizer-lhe que ele havia recebido o poder de reinar da parte do Deus dos céus. Nos desígnios divinos, por sua providência, Nabucodonosor não podia deixar de saber e reconhecer que o poder que tinha viera de Deus (Jr 25.9; 27.5,6; 28.14; Dn 12.1). Por isso, Daniel declarou e disse: *"O Deus dos céus te tem dado o reino, o poder, e a força e a majestade"* (v. 37).

"E, depois de ti, se levantará outro reino, inferior ao teu" (2.39a). Nos versículos 36 ao 38 temos a revelação do Império da Babilônia, mas no versículo 39 (cf. v. 32) é o Império Medo-persa que se destaca pela figura do peito e os braços de prata (Dn 5.28,31; 6.8). Esse império substituiu e conquistou a Babilônia em 539 a.C. A distinção dos braços e do peito de prata referem-se à coligação entre a Média e a Pérsia que governaram depois da Babilônia. Começou com Ciro, o persa, e Dario, o medo. A expressão "inferior a ti" dizia respeito a Ciro e Dario que vieram depois de Nabucodonosor criando um novo império, mas referia-se, também, figurativamente, à inferioridade da prata em relação ao ouro.

"e um terceiro reino, de metal (cobre ou bronze), o qual terá domínio sobre toda a terra" (2.39b). Esse terceiro reino é representado pelo ventre e as coxas de bronze, indica a decadência moral e política em relação aos reinos anteriores. Foi o governo de Alexandre e de seus generais que o sucederam posteriormente, conforme está no

texto do capítulo 8.20,21. Em 334 a.C., Alexandre venceu o reino medo-persa e o suplantou.

"e o quarto reino será forte como ferro" (2.40,41). Esse reino, historicamente, é o reino romano. O ferro indica a dureza do império através das guerras para conquistar outras nações. É interessante que esse reino é representado na visão por duas pernas de ferro, mas, tem os artelhos e os pés de barro. Foi um reino forte como o ferro, porém a vulnerabilidade desse império está na mistura do ferro com o barro, que não tem liga nem sustentação. Esse império destacou-se pela guerra, pelas leis civilizatórias e pela organização política. Porém, a mistura com o "barro" revela sua debilidade quando acontece uma intervenção da pedra cortada do monte que é arremessada contra os pés da estátua e derruba e destrói totalmente.

"por uma parte o reino será forte e por outra será frágil" (2.42). O quarto império é, sem dúvida, o Império Romano. Este império alcançou os dias em que Jesus Cristo, o Verbo divino que se fez carne e habitou entre nós (Jo 1.14). Sua forma de domínio, mediante a ocidentalização mundial ainda prevalece até o dia de hoje. Sua autoridade no mundo conquistado era forte como o ferro, porque regia o mundo romano com mão de ferro. Sua fraqueza como o barro manifestou-se quando a corrupção moral começou a arruinar a vida do povo, dando lugar à luxúria e ao ócio que solapou a força de Roma.

"misturar-se-ão com semente humana, mas não se ligarão um ao outro" (2.43). O Império Romano será um reino quebradiço. A mistura do barro com ferro é como os governos de filosofia socialista e popular em que a autoridade é diluída e fragilizada. É o que o Anticristo tentará fazer quando aparecer no mundo. Tentará estabelecer um governo popular para ganhar o apoio das nações e depois dará o golpe impondo sua força, especialmente contra Israel.

III – O REINO QUE NÃO SERÁ DESTRUÍDO (2.44)

"Mas, nos dias desses reis, o Deus do céu levantará um reino que não será destruído" (2.44). Que reino é este? É o reino do Messias. O que os teólogos gostam de histórico já passou, mas o Reino que

está para vir, representado pela "pedra" que será arremessada contra a estátua, é um reino final e divino que vem do céu, especialmente no período da Grande Tribulação. Na óptica evangélica, esse reino será implantado por Jesus por mil anos (o Milênio) quando Ele virá com poder, visivelmente, sobre o Monte das Oliveiras (Zc 14.4). Será um reino para Israel; não para a Igreja que estará com o Senhor na Jerusalém Celestial.

"e esse reino... esmiuçará e consumirá todos esses reinos e será estabelecido para sempre" (2.44). Esse "reino indestrutível" é representado pela "pedra cortada" que veio do monte. Em outras versões, "o monte" se refere a uma grande Pedra ou Rocha, ou pedreira. O rei viu no sonho que uma pedra foi cortada de uma "pedreira" alta e lançada com força sobre "os pés de ferro misturado com barro e os esmiuçou. Ao atingir a estátua nos pés, ela desmoronou inteiramente com o seu ouro, a prata, o cobre e o ferro. Todos os elementos da imagem foram esmiuçados com a força violenta da pedra arremessada contra a estátua. Daniel explicou ao rei que os dedos dos pés representavam reis que se levantariam num determinado tempo mas serão destruídos. Essa "pedra", portanto, é Cristo, em sua vinda pessoal quando os judeus reconhecerão aquele a quem desprezaram como sendo o Messias sonhado, desejado e esperado pelos judeus.

"do monte, foi cortada uma pedra, sem mãos" (2.45). Os reinos descritos de cima para baixo, representados na grande estátua, revelam a progressiva decadência dos reinos desse mundo, pois começam com ouro e terminam com barro. Todos os elementos da imagem foram esmiuçados com a força violenta da pedra arremessada contra a estátua. Daniel explicou ao rei que os dedos dos pés representavam reis que se levantariam num determinado tempo, mas serão destruídos. Esta "pedra" representa o reino que virá que é o Reino messiânico de Cristo intervindo no poder dos reinos do mundo. Ele é a pedra cortada que virá para desfazer no último tempo o poder mundial do Anticristo (Dn 2.45; Sl 118.22; Zc 12.3). Esse Reino que virá será teocrático e seu poder destruirá o poder mundial do Anticristo. Naturalmente, a igreja de Cristo será arrebatada

antes que venha o grande dia da Segunda vinda de Cristo, visível e com grande juízo. Portanto, o sentido da pedra cortada vinda do monte indica figuradamente a vinda de Cristo que esmiuçará o domínio configurado dos 10 dedos dos pés da estátua, formando um grande montão (Dn 2.44,45).

IV – DANIEL E SEUS AMIGOS FORAM HONRADOS PELO REI (2.46-49)

O rei ficou maravilhado pela revelação do sonho e por esse ato honrou a Daniel e seus amigos hebreus dentro do Império Babilônico e os colocou em posições maiores dentro do Palácio. Essa revelação provou ao rei Nabucodonosor que o Deus dos quatro jovens hebreus era o único Deus que podia intervir na história das nações diante de todo o império.

Capítulo 5

A Providência Divina na Fidelidade Humana

A Soberania de Deus se revela na sua capacidade de prover todas as coisas que não podemos por nós mesmos.
Dn 3

Neste capítulo percebe-se a obsessão do rei Nabucodonosor pelo poder quando ele se engrandece e se endeusa perante os súditos do seu império. Supõe-se que a história desse capítulo ocorreu quase ao final do seu reinado (Jr 32.1; 52.29).

O capítulo três é mais uma prova de que vale a pena ser fiel a Deus até mesmo quando somos desafiados em nossa fé. Percebe-se que Nabucodonosor já havia se esquecido da manifestação do poder de Deus na revelação dos seus sonhos, mas ele parecia embriagado pelo poder e pelo fulgor de sua própria glória. A presunção chegou ao ápice da paciência de Deus e ele não se contentou em ser apenas "a cabeça de ouro" da grande estátua do seu sonho no capítulo dois. Ele perde o bom senso e constrói uma estátua toda de ouro de mais de 27 metros de altura aproximadamente, e ordena que os representantes das nações, súditos seus, se ajoelhassem e adorassem à sua estátua que representava ele mesmo. Tornou-se um déspota que exigia dos seus súditos um servilismo irracional. No meio da multidão dos súditos estavam os três jovens hebreus fiéis ao Deus de Israel, o qual não transigiram de modo algum.

I - A TENTATIVA PARA INSTITUIR UMA RELIGIÃO MUNDIAL

"O rei Nabucodonosor fez uma estátua de ouro" (3.1). Na verdade, o Império Babilônico foi o primeiro grande império mundial a construir uma grande estátua que deveria ser adorada por todos os súditos do império (Dn 3). Era interessante notar que em nenhum momento se identifica a estátua com algum deus babilônico. A omissão de algum nome para essa estátua sugere que o rei fez uma estátua que fosse identificada com ele mesmo que assumia uma postura de deidade. Era comum naqueles tempos dos assírios e babilônicos que os seus reis construíssem suas próprias imagens nas entradas dos palácios e diante das imagens dos deuses para que ficassem protegidos de males e fossem felizes em seus reinados. Porém, aquela imagem de 27 metros de altura fora construída para ser adorada pelos súditos em obediência ao edito soberano de Nabucodonosor. Em ocasiões especiais como a que o rei propiciou, quando as homenagens aos reis aconteciam diante dos deuses, Nabucodonosor exigia obediência cega dos seus súditos de todos os territórios do império fortalecendo seu domínio. De todas as nações presentes com seus exilados estavam lá os judeus que serviam ao Deus vivo de Israel. Mas o rei testava seu poder de dominação requerendo dos exilados que renegassem suas crenças e substituíssem seus deuses pelos deuses da Babilônia. Na história contada por Daniel, estavam lá os seus três amigos. Não há uma explicação plausível para a ausência de Daniel naquele evento. O que importa, de fato, é que os três hebreus deram uma lição de fé no seu Deus.

A obsessão do rei

A obsessão pelo poder faz a pessoa perder o bom senso. O rei Nabucodonosor estava dopado pela ideia de ser o maior e perdeu a autocrítica embriagado pelo próprio poder e cego pelo fulgor de sua própria glória. Ele não se contentou em ser apenas a cabeça de ouro da estátua do seu sonho. No capítulo dois havia uma estátua no seu sonho e no capítulo três ele constrói literalmente uma estátua para si. Essa presunção vislumbra profeticamente outra estátua (imagem) que será erguida pelo último império mundial gentílico profetizado como o reino do Anticristo e será no "tempo do Fim" (Ap 13.14,15).

Outra lição que aprendemos neste capítulo é a diferença entre a estátua do capítulo 2 e a do capítulo 3. A estátua do capítulo 2 era simbólica que surgiu no sonho do rei Nabucodonosor e a estátua do capítulo 3 era literal, construída pelos homens. A estátua do capítulo 3 tinha a forma de um obelisco e tinha um desenho um tanto grotesco que revelava a intenção vaidosa de Nabucodonosor de impor-se pela idolatria do homem e sua autodeificação aos olhos dos súditos.

"o campo de Dura, na província de Babilônia" (3.1). O nome *Dura* vem do acadiano, de onde vem o aramaico. O seu significado é "lugar cercado", e entende-se que se tratava de um lugar fechado e cercado, que ficava numa planície pertencente à Babilônia.

A inauguração da estátua de ouro

Um rei embriagado por sua própria glória (3.1-5). Nabucodonosor foi seduzido por seu ego presunçoso que se via superior a tudo e todos. Ele estava embriagado por sua própria glória temporal e passageira, por isso seu coração se engrandeceu e ele desejou ser adorado como deus. Não lhe bastou a revelação de que o único Deus verdadeiro triunfaria na história conforme está expresso no capítulo dois. Ele preferiu exaltar a si mesmo e para tal instituiu o culto a si e a adoração, também, dos seus deuses. O objetivo era escravizar as consciências e obrigá-las a servirem aos seus deuses.

A ameaça da fornalha ardente (3.6). Era a punição mais terrível que alguém poderia sofrer: ser queimado vivo numa fornalha grandemente aquecida. Era um modo de forçar a que todos os seus súditos, principalmente, os príncipes que viviam no palácio, a obedecerem o edito real e adorarem a imagem que o rei construiu. Todos deveriam, ao som dos instrumentos musicais, se prostrar e adorar a imagem de ouro do rei (Dn 3.5). Aos súditos que eram idólatras e serviam a deuses pagãos, mais um não faria muita diferença. Mas para os servos do Deus Altíssimo que é adorado em espírito e em verdade era uma questão de fé e ousadia. O decreto do rei era inevitável e quem o desobedecesse sofreria a punição na fornalha ardente. Segundo o profeta Jeremias, o rei Zedequias de Judá foi queimado no fogo na Babilônia (Jr 29.22).

A tentativa de criar uma religião totalitária (3.7). Ele queria uma religião que fosse capaz de garantir a devoção e a lealdade dos súditos pela força imposta por seus decretos. Na verdade, ele queria conquistar as pessoas, não pelo coração, mas pela subserviência moral e física. Os súditos do reino dobrariam os seus joelhos por medo, não por devoção. Nos tempos modernos nos deparamos com religiões que causam terror e medo. A imposição de Nabucodonosor era, de fato, uma inquisição instituída para obrigar as pessoas a se submeterem às exigências do império.

Nabucodonosor teve duas motivações principais para construir a grande estátua. A primeira motivação era exibir perante os povos do mundo representados naquele evento a sua soberba e vanglória. O texto diz literalmente que "*ele fez uma estátua de ouro*" (3.1). As dimensões e a magnitude da estátua eram impressionantes. Imaginem uma estátua de 27 metros de altura e 6 metros de largura aproximadamente. A soberba do Rei o tornou altamente arrogante e insolente, sem limites. A Bíblia diz que "*a soberba precede a ruína*"(Pv 16.18).

A segunda motivação de Nabucodonosor era o anelo de ser adorado como deus pelos seus súditos, por isso Ele deu ordens de que todos os oficiais do reino se reunissem naquele evento no campo de Dura (Dn 3.1) para adorarem à sua estátua. Sua intenção prenunciava o espírito do Anticristo que levantará a imagem da Besta para ser adorada no tempo do Fim (Mt 4.8-10; Ap 13.14-17). A intenção do Rei era impor a religião diabólica de sua imagem para dominar o mundo, não só no campo material e político, mas espiritualmente.

A acusação dos caldeus contra os judeus (3.8-12). Os três hebreus estavam lá na grande praça por força da ordem do rei. Todos os ilustres homens do império, os chefes de governos, os sátrapas, os governadores das províncias, os sábios, os sacerdotes dos vários cultos pagãos, todos estavam lá. A ordem era que quando a música fosse tocada todos deveriam ajoelhar-se e adorar a estátua do rei. Quem não obedecesse seria lançado na fornalha de fogo ardente. Os três jovens hebreus preferiam morrer queimados naquela fornalha do que negar a fé no Deus de Israel. Os três jovens hebreus, Ananias, Misael e Azarias quando foram para a Babilônia não tinham mais que 18 a 20 anos de idade. Nesta experiência do capítulo três, eles estavam na faixa dos 40 anos de idade, mas não sucumbiram nem fizeram concessões que comprometessem a sua fé em Deus. Eles não esmoreceram moral ou espiritualmente ante a ameaça de Nabucodonosor e a discriminação dos outros príncipes do Palácio. Diante da ameaça da fornalha ardente eles estavam seguros do cuidado de Deus, como falou o profeta Isaías: *"Quando passares pelas águas, estarei contigo e, quando pelos rios, eles não te submergirão; quando passares.*

Três acusações graves contra os judeus (3.12).

A primeira acusação: *"não fizeram caso de Ti"*(v. 12). Esta expressão é o mesmo que dizer: eles não te respeitaram como rei. Os seus acusadores passaram a ideia de que os jovens, quando não se ajoelharam nem adoraram a estátua do rei, voluntária e maliciosamente, decidiram desafiar publicamente a autoridade do rei.

A segunda acusação: *"a teus deuses não servem"* (v.12). Estavam afirmando ao rei que os jovens hebreus não prestavam culto aos deuses da Babilônia, uma vez que havia um politeísmo babilônico exacerbado com muitos deuses e deusas. Os jovens hebreus mantiveram a fé recebida de seus pais em Jerusalém. Eles não serviriam a outros deuses, senão a Jeová, o Deus de Israel.

A terceira acusação: *"não servem, nem a estátua de ouro que levantaste, adoram"* (v. 12). Os caldeus entendiam que a atitude dos jovens hebreus era de total rebelião e contra as demais religiões representadas pelas nações exiladas na Babilônia.

A lição que aprendemos com esses jovens hebreus é que eles conheciam a Deus e sabiam que Ele tinha poder para interferir naquela situação e livrá-los da morte.

II- A FIDELIDADE A DEUS ANTE À FORNALHA ARDENTE (3.13-21)

A punição foi inevitável. A ordem do rei não podia voltar atrás. Os inimigos dos três jovens hebreus não deram tréguas aos judeus. Depois de acusados e denunciados tiveram que enfrentar e submeter-se à punição do rei. Os seus algozes foram os mesmos que haviam sido poupados anteriormente da pena de morte no episódio do sonho do rei no capítulo 2 e não tiveram a menor consideração com seus pares dentro do Palácio. O rei, tão logo foi informado da desobediência dos jovens hebreus, ficou enfurecido e os chamou diante de si. Foram interrogados e, mais uma vez ameaçados com a punição da fornalha ardente, mas os servos do Deus Altíssimo mantiveram sua fidelidade à fé judaica. Eles não se intimidaram diante das ameaças porque sabiam que Deus poderia intervir naquela situação, e estavam prontos a serem queimados vivos sem trair a sua fé.

A resposta corajosa dos jovens hebreus (Dn 3.16-18)

"agora, se estais prontos" (3.15). Eles estavam prontos, não para obedecer a imposição do rei quanto à sua fé. Eles estavam prontos, sim, para manter a sua fé no Deus que podia mudar toda aquela situação. Aqueles jovens entendiam que fidelidade é algo inegociável. A fidelidade desses jovens era mais que uma qualidade de caráter, era uma confiança inabalável em Deus que haveria de intervir naquela situação. A resposta resultava do conhecimento prévio que tinham do mandamento divino: "*Não terás outros deuses diante de mim. Não farás imagem de escultura, nem alguma semelhança do que há em cima nos céus, nem em baixo na terra, nem nas águas debaixo da terra. Não te encurvarás a elas nem as servirás; porque eu, o Senhor, teu Deus, sou Deus zeloso, que visito a maldade dos pais nos filhos até a terceira e quarta geração daqueles que me aborrecem*" (Êx 20.3-5). Deus busca homens e mulheres que tenham a fibra de manter a fidelidade a Ele mesmo quando ameaçados.

"Não necessitamos de te responder sobre este negócio" (3.16). A confiança em Deus e a certeza de que Deus faria alguma coisa lhes deu

a convicção de que valia a pena enfrentar a fornalha pelo nome de Jeová.

Reação à intimidação (Dn 3.16-18)

"Eis que o nosso Deus, a quem servimos, é que nos pode livrar" (3.17). Esta declaração dos três judeus tinha a convicção da intervenção de Deus naquela situação. O rei ficou enfurecido e intimidado, além dos jovens terem sido desafiados na sua fé com a ousadia do Rei em dizer-lhes: *"Quem é o Deus que vos poderá livrar das minhas mãos?"* (Dn 3.15), eles não tiveram dúvidas de que valia a pena permanecerem fiéis a Deus. Então, sem temor e com grande fé responderam ao Rei: *"Eis que o nosso Deus, a quem nós servimos, é que nos pode livrar; ele nos livrará do forno de fogo ardente e da tua mão, ó rei. E, se não, fica sabendo, ó rei, que não serviremos a teus deuses nem adoraremos a estátua de ouro que levantaste"* (Dn 3.17,18). Esta resposta dos jovens hebreus se confrontada com o cristianismo de muitos crentes hoje nos deixa preocupados. Quão facilmente cedemos; negamos nossa fé; fugimos do caminho da provação, mas Deus conta com crentes fiéis que sejam capazes de responder às ameaças satânicas de que não as tememos.

"E, se não" (3.18). Duas palavras pequenas foram capazes de mostrar a todo o Império da Babilônia que aqueles jovens tinham um Deus diferente que lhes dava a certeza de que ninguém pode confrontar Jeová. Eles sabiam que nada os demoveria de sua fé e eles não a negariam, mesmo que fossem queimados vivos naquela fornalha. Na vida cristã, estas duas palavrinhas *"se não"* estão fazendo na confissão de fé de tantos crentes. Satanás, nosso arqui-inimigo, quer que nos rendamos às ameaças e armadilhas preparadas para sufocar a nossa fé (1 Pe 5.8).

"não serviremos a teus deuses" (3.18). Os três jovens foram ousados. Não transigiram, nem cederam às ameaças. Eles não trocaram o seu Deus pelos deuses de Nabucodonosor. A ira do rei manifestou-se com exagero ao ordenar que se aquecesse muito mais a fornalha. Eles não foram livrados da fornalha porque Deus os esperava dentro daquela fornalha ardente. A fornalha tem o poder

da intimidação, que pode nos levar à desistência de nossos valores espirituais. A verdade é que nem sempre podemos evitar a fornalha das angústias, das decepções pessoais, das enfermidades físicas. Aqueles jovens hebreus não se deixaram intimidar, mas foram ousados em não transigir, nem ceder às ameaças.

Eles enfrentaram a fornalha ardente sem temor (3.19-22)

Os judeus foram lançados na fornalha. Diz o texto que tudo que dizia respeito a eles em termos materiais, suas roupas e chapéus foram atados juntamente com eles e lançados na fornalha ardente. Os homens que os lançaram caíram mortos pela chama do fogo e todos inimigos do lado de fora imaginavam que os judeus seriam reduzidos a cinza dentro da fornalha.

"O aspecto do quarto homem é semelhante ao filho dos deuses" (3.23-25). Foram lançados três judeus, mas um quarto homem os esperava dentro da fornalha. O poder do quarto homem visto pelo rei dentro da fornalha os tornou incólumes e nenhum fio de cabelo se queimou. Esse *quarto homem* não era outro senão o próprio Deus entre eles que os tornou aptos a superarem a força do fogo destruidor. É uma perfeita identificação com a Pessoa de Jesus Cristo, o Filho de Deus. Não era um anjo enviado de Deus. Ele era, teofanicamente, o próprio Deus. É interessante que Ele não apagou o fogo, nem tirou os três hebreus da fornalha. Ele os capacitou a estarem e passarem pelo meio do fogo sem serem destruídos. Tudo isso porque aqueles hebreus confiaram na providência divina que tem o poder de intervir, a tempo e fora de tempo, para nos livrar da destruição. Às vezes, a vontade permissiva de Deus nos ensina que Deus pode permitir que soframos tribulações, angústias e dissabores como o fogo da fornalha, mas Ele nos livra no tempo próprio. Sua presença imanente é capaz de impedir que as chamas das tribulações nos destruam.

O poder providencial de Deus os tornou incólumes no meio da fornalha (3.26-28). O impacto ante à visão que o rei teve ao olhar para dentro da fornalha deixou o rei perplexo e todos os que estavam com ele. Os jovens hebreus estavam vivos e tranquilos andando no meio da fornalha. Deus honrou aqueles judeus. O rei e seus príncipes tiveram que reconhecer o poder do Deus de Israel. A providência divina não só os protegeu da força do fogo, mas os manteve vivos para testemunharem da grandeza desse Deus. O rei reconhecia que o Deus dos judeus era poderoso, mas não o aceitava como seu Deus. Para o rei, era mais um entre outros deuses, mas na mente e no coração dos jovens hebreus, Ele era o Único Deus sobre todos os demais. O apóstolo Paulo nos dá uma lição preciosa de fé e disposição para servir a Deus, quando diz: *"Porque, se vivemos, para o Senhor vivemos; se morremos, para o Senhor morremos. Quer, pois, vivamos, quer morramos, somos do Senhor"* (Rm 14.8).

Uma doxologia do rei ao Deus de Israel (3.29,30). Ainda que Nabucodonosor não tenha desistido dos seus deuses, reconheceu a religião judaica em seu império, especialmente, para os exilados judeus. Ele fez um decreto reconhecendo a grandeza do Deus dos judeus e admitiu que nenhum outro deus poderia fazer o que Ele fez ao livrar os judeus dentro da fornalha ardente.

Restaurados e promovidos dentro do império (3.30). Os três jovens foram restaurados às suas posições palacianas e investidos de autoridade da parte do rei. Segundo o Comentário de Charles Pfeiffer, da Editora Batista Regular: "A vitória da fé tinha cinco objetivos: (1) Foram soltos de suas amarras (v. 25); (2) Foram protegidos do mal (v. 27); (3) Foram confortados na provação (vv. 24,25,28); (4) Seu Deus foi glorificado (v. 29); (5) Como servos de Deus foram recompensados (v. 30).

CONCLUSÃO

A grande lição que aprendemos com esses três jovens é que "eles confiaram suas vidas a Deus e não se preocuparam com as consequências do fogo da fornalha".

Capítulo 6

Deus Abomina a Soberba

A soberba é um dos pecados do espírito humano que afeta diretamente a soberania de Deus.
Dn 4.1-37

Aproximadamente 25 anos depois da sua ascensão e volta ao trono da Babilônia, Nabucodonosor teve mais um sonho perturbador que requereu a presença dos sábios do Palácio para o interpretarem. Sete anos se passaram desde o stado de loucura do rei, quando Deus o restaurou ao trono da Babilônia. Na sua volta ao Trono, ele dá um testemunho pessoal da experiência com o Deus de Daniel e reconhece a soberania desse Deus dos exilados e cativos de Judá. Ele reconhece que sua loucura era resultante de sua soberba, que o levou a viver como um animal do campo por sete anos, até que Deus o tirou daquela condição. É a história que mostra o que acontece com os que se exaltam e se tornam soberbos ante a majestade do Todo-Poderoso Deus de Israel. É uma história que revela a soberania de Deus sobre toda a criação e que nenhuma criatura sua usurpa a glória que lhe pertence. Ao mesmo tempo, Deus revela sua misericórdia e justiça capazes de salvar um homem arrependido. Nos desígnios divinos, Nabucodonosor preenchia o propósito de Deus para o mundo de então. Não há nada que diga que esse rei tenha se convertido. Entretanto, seu testemunho pessoal acerca do Deus de Israel, depois de toda a humilhação que passou, o levou a reconhecer e proclamar a todo o mundo que o senhorio dos reinos do mundo não era dele, mas pertencia ao Deus Altíssimo.

I – O TESTEMUNHO DA SOBERANIA DE DEUS (Dn 4.1-3)

Nabucodonosor, um homem chamado por Deus para um desígnio especial (Jr 25.9)

Nabucodonosor não foi obrigado a servir ao Deus de Israel, mas não pode fugir a humilhação a que foi submetido por querer usurpar a glória que só pertence ao Deus Altíssimo e a nenhum outro deus. Não há dúvida que ele foi submetido a um desígnio especial do Deus do Céu, o Deus de Daniel, Ananias, Misael e Azarias. Segundo a história, Nabucodonosor foi rei da Babilônia no período de 605 a 462 a.C. Mesmo sendo um rei pagão cumpria um desígnio especial de correção divina aos reis de Israel e de Judá, por terem se corrompido com o sistema mundano que havia entrado em Israel. Ora, Deus tem o cetro do domínio de todos os reinos do mundo, e tinha poder para fazer com que aquele homem pagão, por um desígnio especial, se tornasse próspero em seu reino e crescesse em extensão, a ponto de se autodenominar "rei de reis". O profeta Jeremias, contemporâneo do período do exílio de Israel e Judá na Babilônia, diz que Deus chamou a Nabucodonosor de "meu servo"(Jr 25.9). Na verdade, Nabucodonosor foi a vara de Deus de punição ao seu povo por ter abandonado o Senhor e tomado o caminho da idolatria e dos costumes pagãos. Aprendemos que Deus, em sua soberania é Aquele *"que muda os tempos e as horas; ele remove os reis e estabelece os reis"* (Dn 2.21).

Nabucodonosor proclama a Soberania de Deus (Dn 4.1-3)

Antes de contar o seu segundo sonho, Nabucodonosor em seu discurso fez uma proclamação na forma de um edito real que reconhecia os sinais e milagres que o Deus Altíssimo havia realizado, especialmente, na vida do rei. Ele diz no versículo 2: *"pareceu-me bem fazer conhecidos os sinais e maravilhas que Deus, o Altíssimo, tem feito para comigo"*. Nesta proclamação Nabucodonosor deseja fazer pública a experiência que teve com o Deus dos judeus.

"Quão grandes são os seus sinais" (4.3). A ideia teológica de um *"sinal ou sinais"* pode significar um dos meios pelos quais Deus

comunica seu pensamento aos homens e indica a sua vontade. *"Sinais"* podem significar demonstrações espirituais que não podem ser produzidas pelo homem. Na língua hebraica "sinal" é *môpheth* no sentido de algo que dá notabilidade. Podia significar ou indicar "um milagre" que se distinga. Os sinais de Deus são, acima de tudo, sobrenaturais, porque Deus é o Criador e Senhor dos céus e da terra. O rei Nabucodonosor podia lembrar o livramento dos jovens hebreus na fornalha ardente sem se queimarem. Ele entendeu, também, que o Deus dos judeus tinha um modo especial de revelar coisas futuras através de sonhos que os homens comuns não podem interpretá-los. Ele quis que fosse comunicado a todos os povos sob sua liderança que o Deus dos judeus não se assemelhava a nenhum deus dos súditos do seu império. Ele era quem tinha o Domínio e o cetro de governo sobre toda a terra. Nabucodonosor, depois de ter experimentado a punição pela sua soberba e ter-se arrependido da mesma, foi restaurado de sua demência, sob a qual ficou longos sete anos num nível irracional como os animais do campo. Matthew Henry disse em seu comentário que "Nabucodonosor foi o rival mais ousado da soberania do Deus Supremo do que qualquer outro mortal jamais pudesse ter sido". Porém, foi vencido por essa presunção e teve que reconhecer que o Deus Altíssimo estava acima dele.

II - SONHOS — UMA VIA DAS REVELAÇÕES DE DEUS (Dn 4.4-9)

Deus fala por meio de sonhos e visões

Sonhos e visões são vias pelas quais Deus se comunica com o homem. No campo das manifestações espirituais, os sonhos e visões são um modo de comunicação, não uma regra espiritual.

Os *sonhos*, segundo a *Enciclopédia Bíblica* de Merrill C. Tenney, "um sonho é uma série de pensamentos, imagens, ou emoções que ocorrem durante o sono; qualquer semelhança com a realidade que ocorre durante o sono; uma sequência de imagens, mais ou menos coerente que ocorre durante o sono". No campo da psicologia, entende-se que os sonhos são impressões reavivadas e ajuntadas ao acaso no subconsciente e que se manifestam em imagens durante o sono. Às vezes, ideias, imagens e eventos presentes no sonho podem ser interpretados como símbolos de ansiedades reprimidas, medos ou desejos. No campo espiritual e na experiência de homens e mulheres bíblicos, os sonhos podem ser naturais (Ec 5.3), mas também, podem ter origem divina (Gn 28.12), através dos quais Deus revela acerca de eventos futuros e presentes. Os sonhos podem, também, ter origem maligna (Dt 13.1,2; Jr 23.32). Podemos entender, portanto, que da parte de Deus, os sonhos são um modo de Deus falar profeticamente aos seus servos. Por exemplo: os sonhos de José (Gn 37.5-11; 40.5-22; 41.1-32).

As *visões* fazem parte dos meios que Deus se utiliza para comunicar a sua palavra aos homens. Na Bíblia, essas manifestações divinas acontecem através de sonhos, revelações, oráculos e visões. Ora, uma visão pode ser uma revelação especial e sobrenatural que Deus utiliza para se comunicar com as pessoas, independente de ser um sonho. Por exemplo homens como Abraão (Gn 15.1); Isaías (Is 6.1-8); Ezequiel (Ez 1.1); Daniel (Dn 1.17). No Novo Testamento, temos Mt 17.9; At 9.10,12; 10.3,17,19; 11.5; 12.9; 16,9,10. Daniel era agraciado por Deus com a revelação divina através de visões. Não há dúvida, que ainda hoje, Deus fala por meio de visões, mas Ele não revelará nada além do que já está revelado na sua Palavra.

"Eu, Nabucodonosor, estava sossegado em minha casa e florescente no meu palácio" (4.4). As grandes conquistas militares haviam sido feitas em tempos anteriores. Aquele era, naquele momento, quando "ele estava sossegado" em sua casa, um tempo de inatividade militar e sem maiores preocupações. Seus projetos arquitetônicos eram os mais extraordinários pois havia progresso e o acúmulo de riquezas era uma realidade. Ele estava satisfeito e sentia-se senhor de tudo a ponto de, mais uma vez, se permitir dominar por uma arrogância inconcebível.

"tive um sonho" (4.5). À semelhança do capítulo dois quando teve o sonho da grande estátua representando seu reino e os reinos que o sucederiam, no capítulo quatro, mais uma vez Deus fala com Nabucodonosor. Mais uma vez ele ficou aflito por não entender o seu significado. É interessante perceber que o modo como Deus

falava com os homens nos antigos tempos era diverso. Ele utilizava de canais possíveis para se fazer inteligível aos seus servos. Pelo fato dos antigos, especialmente, os caldeus darem muita importância aos sonhos e a sua interpretação, Deus usou esse canal de comunicação para revelar o significado das imagens do sonho na cabeça do rei. É claro que esse modo de falar e revelar a sua vontade não seja o único modo da comunicação divina. Portanto, essa via de comunicação não era e não é uma regra que obrigue Deus ter que falar somente por meio de sonhos. Mas Ele o fez, porque os antigos acreditavam piamente que os sonhos tinham um sentido divino. Hoje, temos a Palavra de Deus como o canal revelador da fala de Deus aos homens. É bom que se diga que não existe dom de sonhar como afirmam alguns cristãos. Mas é certo que Deus pode usar esse meio e outros mais para revelar a sua vontade soberana aos seus servos. É interessante notar o contraste entre o sonho do capítulo 2 e o sonho do capítulo 4. O primeiro sonho foi esquecido pelo rei, mas o segundo sonho ele não o esqueceu (2.1,6 e 4.10-17).

Como da vez passada (capítulo 2), todos os sábios da Babilônia, com seus magos, astrólogos, caldeus e os adivinhadores foram convocados à presença do Rei para darem a interpretação do sonho e, mais uma vez, falharam (4.6,7).

III - DANIEL VOLTA AO CENÁRIO PROFÉTICO

O detalhe desse capítulo é que o próprio rei está contando o sonho. Os seus sábios, astrólogos e caldeus o decepcionaram, e ele lembrou-se de que havia apenas um homem no palácio em que a ciência de Deus era demonstrada e o único que podia revelar os mistérios do sonho que tanto o perturbaram. O próprio rei reconhecia que o Deus de Daniel era superior a todos os deuses da Babilônia. Ele mesmo reconhece que havia sido arrogante e Deus o adverte e revela seu futuro num sonho que ele não conseguia entender. Não se tratava de um sonho comum, mas uma revelação divina acerca do futuro de Nabucodonosor.

Daniel é convocado a entrar na presença do Rei (4.8). Nabucodonosor contou-lhe o sonho e queria que Daniel lhe desse a interpretação. Daniel ouviu atentamente o sonho do rei e pediu-lhe tempo porque, por quase uma hora, Daniel esteve atônito e sem coragem para revelar a verdade do sonho. Interpretar sonhos era uma habilidade espiritual de Daniel reconhecido desde quando entrou no palácio da Babilônia conforme está escrito:"*Ora, a esses quatro jovens Deus deu o conhecimento e a inteligência em todas as letras e sabedoria; mas a Daniel deu entendimento em toda visão e sonhos*"(Dn 1.17)

"Beltessazar, príncipe dos magos" (4.9). Como aceitar esse aspecto na vida de Daniel? É bom que se diga, que o nome *Beltessazar* era um nome dado a Daniel e que ele não podia evitar, porque vinha da parte do rei. Entretanto, o seu papel de liderança e de chefia sobre os "sábios e magos do palácio" implicava em que Daniel cumpria sua função oficial sem se envolver com a magia daqueles homens que ele não podia mudar. Ele continua a ser Daniel, fiel e temente a Deus.

Daniel ouve o sonho e dá a sua interpretação (Dn 4.10-18)

O Rei conta a Daniel todo o seu sonho. O rei viu uma grande árvore de dimensões enormes que produzia belos frutos e que era visível em toda a terra. Os animais do campo se abrigavam debaixo dela e os pássaros faziam seus ninhos nos seus ramos (Dn 4.10-12). O rei viu descer do céu *"um vigia, um santo"* (v.13) e esse vigia clamava forte: *"Derribai a árvore e cortai-lhe os ramos"* (v.14).

A árvore majestosa (vv. 11,12). O texto diz que era *"uma árvore no meio da terra"* (4.10). Isto é, a árvore chamava a atenção porque tinha uma posição central, para simbolizar o Império Babilônico naqueles dias. A Babilônia destacava-se por concentrar todo o poder conquistado por Nabucodonosor na capital, uma figura simbólica da Babilônia escatológica que aparece em Apocalipse nos capítulos 17 e 18. A "árvore" do sonho de Nabucodonosor era formosa e bela. A visão esplêndida dessa árvore indicava a formosura, a grandeza, o poder e a riqueza que representavam a glória de Nabucodonosor. Ninguém na terra havia alcançado todo esse poder antes dele. Daniel declarou ao rei que aquela árvore que seria cortada era o próprio rei e disse: "És Tu, ó Rei" (Dn 4.22).

Imaginemos a tristeza de Nabucodonosor ao ouvir esta declaração. Como resignar-se serenamente ante um fato inevitável revelado pelo Deus de Daniel. Assim é a glória dos homens, como uma árvore que cresce e se torna frondosa e, de repente, é derribada. Assim Deus destrói os soberbos.

"um vigia, um santo, descia do céu" (4.13). A linguagem figurada para falar do papel dos anjos designados por Deus para executarem a sua vontade é o termo "vigia" ou "um santo" vindo do céu. Não há dúvida de que os anjos de Deus trabalham com missão delegada para proteger e para cumprir as ordens de Deus. Na visão do rei, ele viu "um vigia" que descia do céu com a missão de proclamar os juízos de Deus (Dn 4.14,15). No Antigo Testamento, os anjos tinham uma atividade mais presente na vida do povo de Deus. No Novo Testamento, eles continuam suas atividades em obediência a Deus, mas hoje a igreja de Cristo tem o Espírito Santo que vive na igreja e a orienta em tudo. Alguns teólogos creem numa teofania, referindo-se ao próprio Deus como *"o vigia, o santo"*. Alguns estudiosos interpretam como sendo o Senhor Jesus Cristo, uma vez que Ele se apresenta em outros eventos bíblicos numa teofania especial. Entretanto, ainda que mereça apreciação esta ideia é discutível na sua interpretação. Preferimos a ideia de que se trata de um anjo da parte de Deus com poder delegado para fazer juízo contra esta árvore.

Juízo e misericórdia são demonstrações da Soberania de Deus (4.14,15). No versículo 14 a ordem delegada de Deus ao seu anjo de juízo era o de derribar a árvore, seus ramos e suas folhas. O texto do versículo 15 deixa claro que Deus não queria destruir tudo daquela árvore, mas ele deu ordem ao seu anjo para que *"o tronco com suas raízes"* fossem deixadas na terra. A intenção divina não era destruir Nabucodonosor sem dar-lhe a oportunidade de se converter e reconhecer a glória de Deus. Mas o próprio rei testemunhou que foi inevitável a consequência de sua arrogância. Ele foi tirado do meio dos homens e ficou completamente louco, indo conviver com os animais do campo por sete anos (Dn 4.25). Depois de sete anos, Nabucodonosor voltou ao normal, mas o seu reino logo depois foi sucedido por Belsazar que fez cair o reino nas mãos de Dario, o persa.

Daniel dá a interpretação do sonho (4.19-26)

"Então Daniel,... esteve atônito quase uma hora" (4.19). Mais uma vez, o servo de Deus tinha uma missão difícil e ficou perplexo porque a revelação era forte e havia dificuldade para entender o sonho. O tempo que levou para interpretar significava que ele ficou amedrontado em contar ao rei a verdade da revelação. De certo modo, Daniel gozava da confiança do rei como conselheiro e preferia, como homem, que as revelações do sonho não atingissem a pessoa do rei. Mas Daniel não pôde evitar, porque o próprio rei, percebendo a perplexidade de Daniel, o instou a que não tivesse medo e contasse exatamente o que o seu Deus havia revelado.

"Respondeu Beltessazar e disse: Senhor meu, o sonho seja contra o que te tem ódio, e a sua interpretação para os teus inimigos" (4.19). Daniel reconhecia que o rei havia sido bondoso e complacente com ele e seus amigos e, por isso, preferia que o juízo fosse contra os inimigos do rei. Daniel sabia que havia dentro do palácio complôs contra o rei e, por isso, ele preferia que o juízo fosse para punir os inimigos do monarca. Mas Daniel não pôde evitar falar a verdade.

"És tu, ó *rei"* (v. 22). Daniel foi incisivo e objetivo em informar ao rei que ele mesmo era, simbolicamente, a árvore frondosa do sonho, mas não evitaria a tragédia moral e espiritual do seu reino. Ele perderia a grandeza que tinha durante os "sete tempos" (sete anos). No versículo 26, a revelação assegurava ao rei a sua restauração, mas para que isso acontecesse, ele deveria dar sinais de arrependimento e provar a si mesmo e ao seu império a mudança interior na sua vida.

Daniel aconselha ao rei que reconheça os seus pecados e mude de atitude para que a misericórdia divina o alcance (4.27-38). Passaram-se um ano (doze meses) e houve, até certo ponto, um prolongamento da tranquilidade de Nabucodonosor. Mas ele não se humilhou e não mudou de atitude. Pelo contrário, se empolgou com a beleza de suas construções e seus jardins suspensos para agradar a sua esposa, segundo escreveu o historiador Josefo. Nos versículos 34 a 37, depois dos sete anos de insanidade, ele recuperou seu entendimento e acordou para a realidade quando louvou a Deus. Aprendemos com esta história que o orgulho é sempre insano e inaceitável diante de Deus e que a mais sóbria atitude é reconhecer a soberania de Deus e louvá-lo.

III – A LIÇÃO QUE A HISTÓRIA NOS DEIXA

Exemplos negativos de pessoas que se tornaram soberbas

A Bíblia não conta apenas as vitórias e conquistas dos homens, mas revela suas fraquezas e derrotas para que se aprenda lições que envolvem nossas relações com Deus *e com as pessoas.*

Nabucodonosor é o grande exemplo do perigo da arrogância. Por esta causa ele perdeu seu trono e seu reino. A soberba é um dos pecados do espírito humano que afeta diretamente a soberania de Deus. Por causa da sua arrogância contra o Cetro do Deus Altíssimo, Nabucodonosor, assim como a árvore do sonho, foi cortado até a raiz (v.18). A profecia cumpriu-se integralmente na vida de Nabucodonosor, e ele, depois de humilhado, perdeu a capacidade moral de pensar e decidir porque seu coração foi mudado, de *"coração de homem"*(v.16) para *"um coração de animal"*. A punição levaria *"sete tempos"* (v.16). Na linguagem bíblica, sete tempos equivalem a sete anos em que o monarca da Babilônia estaria agindo como um animal do campo em total demência racional. A estupidez da experiência amarga de Nabucodonosor foi demonstrada por uma licantropia, ou seja, ele foi dominado por uma insanidade sem precedente. Passou a agir como um animal do campo, tendo o seu corpo molhado pelo orvalho do céu e com um comportamento irracional, comendo a erva do campo (Dn 4.25). Esse estado de decadência do rei foi resultado de sua soberba que o levou a perder o reino e o trono e a Babilônia esteve em decadência política.

O Rei Herodes é outro personagem que se destaca na Bíblia por sua soberba. Ele era neto de Herodes, o Grande, e seu nome era Agripa I que governou a Palestina nos anos 37-44 d.C., mas foi o imperador de Roma que lhe deu o título de rei sobre Israel. Ele não gozava de aprovação entre os judeus, porque era um homem altivo, presunçoso e teve um fim triste para a sua história. Em Atos dos Apóstolos está registrado que ele mandou matar Tiago, irmão de João, um dos apóstolos de Jesus Cristo para ganhar o coração de judeus inimigos dos cristãos naqueles primeiros dias da Igreja (At 12.1,2). Depois, percebendo que isto agradaria os judeus que não o recebiam bem, mandou prender outros cristãos e, principalmente Pedro, mandando-o para a prisão (At 12.3-11) quando foi libertado pelo anjo do Senhor de modo excepcional. Herodes não conseguiu matar Pedro. Mais tarde, a soberba de Herodes lhe rendeu desprezo do próprio povo (At 12.21,22). Para que todos entendessem que Deus não aceita que se zombe da sua soberania e justiça, enviou o seu anjo que *"feriu-o..., porque não deu glória a Deus e, comido de bichos, expirou"* (At 12.23). Ninguém usurpa a glória que só pertence a Deus, a glória de sua soberania.

O Rei Saul é outro exemplo negativo do significado da soberba. Foi o primeiro rei de Israel. Saul começou bem o seu reinado, até que se deixou dominar por inveja, ciúmes e, então, começou a agir irracionalmente. A presunção de se achar superior a tudo, o levou a agir com atitudes arbitrárias dentro do Palácio e nos assuntos do reino. Foram atitudes que feriam princípios morais, políticos e espirituais de Israel. Sua arrogância o fez praticar ações que não competiam à sua alçada e, por isso, foi lhe tirado a graça de Deus na sua vida. Então passou a agir irrefletidamente dominado pela soberba que fez Deus rejeitá-lo, porque sua desobediência era fruto da soberba (1 Sm 9.26; 10.1; 15.2,3,9; 15.23).

A soberba é como vírus contagiante

A soberba é o orgulho excessivo que uma pessoa demonstra e não tem nenhum senso de autocrítica. A soberba é como uma doença contagiosa que se aloja no coração do homem e ele perde a capacidade de admitir que para viver no mundo dos homens ele precisa lembrar que o outro existe. A falta do senso de autocrítica o faz agir irracionalmente (Sl 101.5; 2 Cr 26.16). A soberba é contagiosa porque contamina todo o homem (Mc 7.21-23). A Bíblia nos mostra que a soberba torna os olhos altivos (Pv 21.4) e cega a vista (1 Tm 3.6; 6.4).

A soberba foi o pecado de Lúcifer

A história de Lúcifer infere-se em dois textos proféticos de Isaías e Ezequiel nos quais, encontramos em linguagem metafórica, a história literal da queda de Lúcifer, perdendo sua posição na presença de Deus. Ele é identificado na Bíblia como Diabo, Satanás (Is 14.13-16; Ez 28.14,16). Essas duas escrituras revelam que Lúcifer perdeu seu *status* celestial na presença de Deus por causa da sua soberba. Por isso, a soberba é um pecado do espírito humano, que afeta diretamente as relações verticais do homem com Deus.

CONCLUSÃO

Que Deus nos livre da soberba!

Capítulo 7

A Queda do Império Babilônico

O desenfreio da vida termina em tragédia quando não reconhecemos a glória de Deus.

Dn 5.1-31

Indiscutivelmente, Nabucodonosor foi o mais importante dos reis da Babilônia. Seus feitos arquitetônicos construindo cidades e palácios e sua ousadia política, além de demonstrar uma inteligência espetacular apresentam a sua história.

Depois da morte de Nabucodonosor em 562 a.C., Evil-Merodaque o sucedeu no trono e, dois anos depois foi assassinado por Neriglissar, seu cunhado, mas quem veio a assumir o Trono foi Nabonido, genro de Nabucodonosor, o qual gerou o filho chamado Belsazar. Este, veio a ser corregente com seu pai, três anos depois. Era um homem blasfemo e não sabia respeitar princípios. Sua história contém elementos de crueldade e total inclemência com os subordinados do reino. Foi, também, um homem devasso que não sabia respeitar a história nem aos valores do reino.

Este capítulo descreve e registra o reinado de Nabonido por 17 anos (556-539 a.C.). Quando foi a Arábia, deixou a seu filho Belsazar como corregente na capital do império. Ele havia sido nomeado por seu pai como seu representante na Babilônia. Era, portanto, a segunda pessoa mais importante do reino. Alguns anos haviam se passado e ao final de sua corregência, Belsazar não contava com a invasão dos exércitos da Média e da Pérsia na Babilônia. O império caiu nas mãos dessa aliança medo-persa e um novo reino se instalou.

O capítulo cinco relata essa invasão na capital babilônica. Belsazar fazia uma festa regada a vinho e sexo, quando Deus escreveu na parede do palácio a sentença de morte e queda do império babilônico. Está registrado, também, o desrespeito com os valores religiosos das nações e como, de forma abusiva e irresponsável, ele mandou buscar os vasos sagrados do templo de Jerusalém para embebedar-se com vinho nos mesmos, Belsazar ultrapassou a medida da paciência de Deus e, na noite de sua festa, foi morto e o reino da Babilônia foi ocupado pelos medos e persas em 539 a.C.

Nesta história aprendemos que ninguém zomba de Deus. Sua soberania jamais poderá ser questionada por simples mortais. Na onisciência divina os fatos futuros, presentes e passados são do inteiro conhecimento de Deus. A queda do Império Babilônico havia sido profetizado pelo profeta Isaías, pelo menos uns 150 anos antes de acontecer (Is 14.3-5; 47.1,5). O profeta Jeremias também profetizou sobre tudo o que aconteceria com Israel e as invasões de Jerusalém e Judá, bem como anunciou a destruição da Babilônia (Jr 50.2; 51.53,58).

I – A FESTA PROFANA DE BELSAZAR

A licenciosidade zombeteira de Belsazar (Dn 5.1-3)

"na presença dos mil" (5.1). Refere-se aos convidados de Belsazar na frente dos quais ele bebeu vinho, como uma demonstração libertina diante dos seus convidados iniciando a bacanal dentro do palácio. Poderia ter sido mais uma festa palaciana na Babilônia se a festa promovida por Belsazar não tivesse sido uma festa de escárnio ao Deus dos cativos judeus.

"mandou trazer os utensílios de ouro e de prata... que seu pai Nabucodonosor tinha tirado do templo que estava em Jerusalém" (5.2,3). Belsazar não teve escrúpulos nem respeito com os utensílios sagrados trazidos de Jerusalém como espólio de guerra por seu avô Nabucodonosor. Ele foi um homem sensual e sacrílogo, pois não tinha

o menor respeito por coisas sagradas. Além de desafiar o poder de Jeová e querer usurpá-lo, Belsazar foi mais longe e fez escárnio da verdadeira religião para satisfazer seus intentos baixos, frívolos e profanos. Quando o teor alcóolico subiu à cabeça de Belsazar, então mandou trazer os "vasos sagrados do templo de Jerusalém" para serem usados em suas orgias com suas mulheres e prostitutas. A profanação das coisas santas sempre foi condenada pelo Senhor (Dn 1.3; Am 6.6; Is 52.11).

A insensatez de Belsazar

Sua insensatez era demonstrada pelo pouco caso que fazia do próprio reino sem se importar com o fato de que seu pai estava fora da Babilônia. Sua insensatez foi demonstrada nas ações libertinas cuja preocupação era o seu próprio prazer com bacanais com sexo e bebidas alcóolicas. O sábio Salomão referiu-se a esse tipo de festa e disse: *"Melhor é ir a casa onde há luto do que ir a casa onde há banquete, porque ali se vê o fim de todos os homens"* (Ec 7.2). Foi o que aconteceu com Belsazar que, em sua orgia e devassidão, acabou por ver o fim do seu reino e dos seus convidados naquela mesma noite em que a mão escreveu o seu juízo na parede do salão de festas.

Belsazar promoveu uma festa de profanação das coisas sagradas (5.3). Na verdade, Belsazar não tinha o menor escrúpulo com coisas sagradas. Ele era um dissoluto e soberbo que, não apenas bebeu vinho nos vasos sagrados da Casa de Deus em Jerusalém, mas encheu a medida do cálice da ira divina. Como era um homem dissoluto, promovia festanças para se entregar à bebedeira. A Babilônia era uma cidade de opulência e luxúria e no palácio imperial se promovia constantemente festas que homenageavam seus deuses, os deuses dos caldeus. Enquanto seu pai Nabonido estava no campo de batalha defendendo o reino da Babilônia contra as forças dos medos e dos persas, ele pouco se preocupava, senão satisfazer suas paixões. A festa era incompatível com a situação instável de enfraquecimento do reino da Babilônia, mas ele preferiu dar vazão aos seus instintos pecaminosos sem se preocupar com aquela situação. Belsazar era homem cruel. Acostumado a ter o que quisesse, não media dificuldades para fazer valer sua vontade, tanto para matar seus oponentes como para se cercar de pessoas da mesma estirpe. Naquele momento festivo as províncias do reino já haviam caído nas mãos dos inimigos, e Ciro, da Pérsia, com seus exércitos estava cercando a capital que seria, de fato, a conquista final do novo império que o sucederia.

Uma festa profana ofensiva ao Deus Altíssimo

"e beberam neles o rei, seus grandes, as suas mulheres e concubinas" (5.3,4). A despeito da opulência e grandeza da cidade ostentando um palácio imperial onde havia festas, luxúria, prazeres, riquezas e exibição de maldades, Belsazar não teve nenhuma sensibilidade com os vasos sagrados, que certamente eram taças de ouro e de prata e que serviam aos atos litúrgicos do Templo de Deus em Jerusalém. No versículo 4 diz que *"beberam o vinho e deram louvores aos deuses..."*. Era uma festa dedicada aos deuses (ídolos) do império, mas que continha degeneradas orgias com homens e mulheres, muita glutonaria e bebedice. A intenção libertina de Belsazar era desafiar os outros deuses, principalmente, o Deus de Israel, amado e reverenciado pelos cativos judeus dentro do palácio. Havia dentro do palácio uma forte influência satânica. Não há dúvida de que os demônios trabalham para desfazer tudo o que diz respeito a Deus e, tomar aquelas taças sagradas do templo de Deus, fazia parte da estratégia de Satanás para profanar as coisas de Deus. O apóstolo Paulo escreveu aos coríntios, algo que confirma esse fato: *"As coisas que os gentios sacrificam, as sacrificam aos demônios e não a Deus"* (1 Co 10.20).

II – O IRREVOGÁVEL JUÍZO DE DEUS

A justiça de Deus é perfeita e não há nada que possa revogar sua demonstração quando é ferida pela presunção e arrogância do homem. A misericórdia divina está aliada à justiça e se manifesta quando há possibilidade de arrependimento. No caso de Belsazar, no seu coração insensato e cruel não havia espaço para a prática da justiça nem para o arrependimento, o que o levou a sofrer a pena pelo seu pecado. A justiça de Deus manifesta-se pela sua santidade que é a essência do próprio Deus, por isso, não há nenhuma lei acima de Deus, mas há uma lei em Deus. A justiça é uma forma de sua santidade. Não há nada que possa alterar os padrões absolutos de Deus, porque Ele é Deus e sendo Deus, Ele é o que é e, por sua natureza divina Ele faz o que sua natureza requer. Na história do reino da Babilônia e do seu rei Belsazar, o juízo divino revelado e demonstrado contra Belsazar era a manifestação automática e natural da reação divina aos pecados de profanação desse rei.

"Na mesma hora" ou *"no mesmo instante"* (5.5) da bebedeira e comilança, quando danças sensuais, lascívia e idolatria aconteciam, o juízo de Deus quebrou a arrogância de Belsazar e dos seus grandes, com suas mulheres e concubinas. A festa de orgias e libertinagens que Belsazar promoveu com os objetos sagrados do Templo de Jerusalém, foi surpreendida pelo juízo de Deus. O sábio Salomão escreveu em um dos seus provérbios: "*O peso e a balança justa são do Senhor"* (Pv 16.8). Não há concessões, nem peso a mais ou menos, na balança da justiça divina. Todos somos pesados pela mesma medida, porque Deus é justo juiz e julga com equidade. O que é irrevogável é aquilo que não se pode anular, não se pode mudar. A resposta divina foi imediata dentro do palácio. De repente, no meio da festa de ostentação e profanação no palácio babilônico, Deus interfere naquela história e manifesta seu poder de juízo escrevendo na parede do salão de festas, diante dos olhos de Belsazar.

O dedo de Deus escreve na parede do salão de festas (5.5). Na linguagem antropomórfica da Bíblia, quando se atribui a Deus mãos, pés, coração, olhos e outros órgãos físicos, próprios do ser humano, há uma demonstração autêntica da figura de *"uns dedos da mão de homem"* que aparecem escrevendo sobre uma parede caiada. Esta parede estava iluminada por um candeeiro e os dedos daquela misteriosa mão escrevem palavras de juízo contra Belsazar e o reino da Babilônia. A euforia da festa é silenciada e todos, assustados tentam ler a escritura enigmática que tinha um caráter misterioso e exigia que alguém a interpretasse.

A visão era nítida sobre a parede. Não só o rei via a mão se movimentando na parede, mas seus convidados também viam. O barulho das taças e dos vasos de vinho cessou e todos estavam pasmados e emudecidos. A alegria do rei e dos convidados também cessou. O fruto do desprezo ao Deus do céu e o sacrilégio com as coisas sagradas do templo do Senhor em Jerusalém produziram um desespero sepulcral. Na parede se escrevia de modo esplendoroso e assustador a sentença contra aquele rei e contra o seu reino. O mistério da mão escrevendo na parede era confuso, porque Deus confunde os sábios do mundo, porque eles não sabem discernir as coisas espirituais (1 Co 2.14-16). De repente, tudo terminou para aquele monarca estúpido e atrevido.

O estado de espírito de pavor total (5.6). O rei e seus convidados empalideceram e seus corações se encheram de terror e medo. Belsazar perdeu o domínio da situação naquele banquete, porque a mensagem sobre a parede era uma *realidade.*

A busca de respostas de Belsazar (5.7-9). Belsazar manda chamar com urgência os astrólogos, magos e sábios do reino. Pediu aos seus sábios que lessem a escritura sobre a parede e a interpretassem. Não estava entre eles o sábio Daniel. Mais uma vez aqueles homens falharam e não puderam ler nem interpretar aquela mensagem, porque lhes era misteriosa. *Belsazar*, no seu desespero, ofereceu honrarias especiais aos que conseguissem ler a mensagem, mas ninguém pôde fazer isso.

A rainha mãe se lembrou do profeta Daniel (5.10). Quem era "A rainha"? Seu nome era Nitocris, filha de Nabucodonosor e mãe de Belsazar. Tudo indica que a rainha não estava presente naquela festa de seu filho Belsazar, mas estava no palácio. A rainha mãe, ao ouvir os gritos do filho, entendeu que havia um movimento diferente no palácio. Entrou no salão de festa onde estava o filho-rei para saber o que estava acontecendo. Ao ter conhecimento da misteriosa mão sobre a parede lembrou-se de que havia no Reino um homem (v. 11), chamado Daniel e que era de confiança, tanto de seu pai quanto de seu marido, mas tudo indica que Belsazar sabia muito pouco acerca de Daniel, porque ele não estava no palácio (Dn 5.13).

"*Daniel, um espírito excelente*" (5.12). No versículo 11, a rainha disse que era um homem *"que tem o espírito dos deuses santos"*. Era um modo pagão de identificar que havia em Daniel algo superior aos demais sábios. O fato de referir-se aos "deuses santos" tinha a ver com a crença politeísta dos caldeus, mas que Daniel diferia em tudo. Ele não era o jovem do capítulo 2 interpretando o sonho do rei. Ele já era um velho, respeitado e se manteve ausente do palácio por mais de 20 anos, desde a morte de Nabucodonosor. O fato de Daniel "ter um espírito excelente" significava que ele demonstrava um comportamento equilibrado, firme, honesto e despido de egoísmo. O seu temor ao Deus de seus pais, o Deus de Israel, era percebido pela sua fidelidade aos seus princípios.

Daniel entra na presença de Belsazar (5.13). Belsazar não via Daniel como um servo do Deus Altíssimo, mas como um sábio sem serviço no palácio. Mas sua mãe o conhecia e sabia que Daniel era um homem diferente e que o seu Deus era Poderoso porque ela mesmo havia testemunhado as proezas desse Deus em outras situações dentro daquele reino. O juízo divino contra Belsazar foi a oportunidade que Deus usou para que seu servo Daniel voltasse a ser reconhecido em uma posição de eminencia dentro do palácio. Na realidade, Daniel era um homem que fazia diferença. A rainha o identificou como um homem de "luz e entendimento" por causa da sua sabedoria e revelação de coisas sobrenaturais. Daniel era um homem que não fazia concessões em relação à sua fé em Deus, por isso, depois de lhe ter sido oferecido presentes, Daniel rejeitou aos presentes do rei (Dn 5.17).

Belsazar fala a Daniel da sua angústia (5.15,16). Belsazar declara a Daniel que os sábios do palácio não puderam entender nem decifrar a escritura na parede. O rei, também, diz ter ouvido da sua mãe acerca de sua pessoa (v.16) e da sua capacidade de revelar sonhos e enigmas e de dar a sua interpretação. Belsazar teve que reconhecer que Daniel fazia diferença dentro do palácio e que ninguém mais poderia ajudar-lhe com a interpretação daquela escritura na parede. Sabendo que os seus magos e astrólogos nada podiam fazer, reconheceu que Daniel era servo de um Deus muito mais poderoso que todos os deuses da Babilônia. Sem dúvida alguma, a tragédia de Belsazar e da Babilônia foi a oportunidade que Deus tinha para que seu servo Daniel fosse reconhecido e voltasse a ter a primazia dentro do palácio.

III – A REVELAÇÃO E INTERPRETAÇÃO DA ESCRITURA NA PAREDE

A atitude de Daniel na presença do Rei (5.17). Daniel se apresenta com autoridade e confiança, porque sabia que Deus lhe daria a interpretação da escritura sobre a parede. Declara ao rei que o faria saber a interpretação, mas a mensagem era dura contra o rei e contra o seu império. A mensagem continha realidades que se confirmariam em breve e o rei precisaria estar pronto para recebê-las. O rei lhe quis dar dádivas, as quais foram rejeitadas por Daniel. Seu papel de profeta de Deus não lhe dava direitos de negociação com a mensagem divina.

Daniel traz à tona a história da grandeza e tragédia de Nabucodonosor (5.19,20). Na realidade, Daniel apela aos sentimentos de Belsazar e descreve a história de seu avô Nabucodonosor para realçar o fato de que, a despeito dos sucessos de seu avô, exercendo domínio sobre as nações conquistadas, deixou-se dominar pela opulência e autoexaltação, sem reconhecer que o cetro de poder e domínio pertence ao Deus Eterno sobre tudo e todos.

No versículo 19, Daniel fala da grandeza de seu avô Nabucodonosor, como grande guerreiro, que tinha mão de ferro contra os seus inimigos. Daniel destacou ainda que, *"quando o seu coração se exaltou e o seu espírito se endureceu em soberba, foi derribado do seu trono, e passou dele a sua glória"*(v. 20). Daniel queria que Belsazar entendesse que ninguém age desafiando o poder de Deus. Ninguém tira, nem acrescenta a glória de Deus. Quando extrapolamos os limites da racionalidade nos tornamos orgulhosos e presunçosos e, por isso, podemos ser punidos.

Daniel declara o pecado de Belsazar (5.22,23). O texto diz: *"E tu, seu filho Belsazar, não humilhaste o teu coração, ainda que soubeste de tudo isso"*. Belsazar tinha sido advertido de que não deveria abusar contra a soberania do Único Deus, o Deus de Israel, mas ele não acreditou nem aceitou a admoestação de Deus. No versículo 23 está escrito que Belsazar se levantou contra o Senhor do céu ao profanar os vasos sagrados do Templo de Jerusalém. com mulheres e concubinas do palácio.

"Então, dele foi enviada aquela parte da mão, e escreveu esta escritura" (5.24). Foi Deus quem enviou a escritura na parede. Foi dEle a mão e os dedos que escreveram na parede do palácio. Quatro palavras apenas escritas na parede que confrontam todos os que estavam naquele banquete. A parede, de repente, parecia a lápide de um túmulo, que, de forma objetiva tem escrito quatro palavras assustadoras e enigmáticas: MENE, MENE, TEQUEL e PARSIM (v. 25)

IV – A INTERPRETAÇAO DA ESCRITURA NA PAREDE

Uma mensagem em língua estranha

"Mene, Mene, Tequel e Parsim" (5.25). Quatro palavras apenas que continham uma mensagem direcionada ao rei e ao seu reino. Quatro palavras estranhas ao conhecimento de todos os que estavam presentes naquele salão de festas, inclusive para os sábios caldeus e astrólogos do palácio que não puderam ler nem entender aquela escritura. Era, de fato, uma escritura em "língua estranha". A expressão "língua estranha" faz lembrar o Dia de Pentecostes, quando o Espírito Santo veio sobre os discípulos e eles começaram a falar em "línguas estranhas" (At 2.1-4). De certo modo, o que aconteceu dentro do palácio Babilônico foi a manifestação de uma língua desconhecida para os sábios do Palácio. Além de não poderem ler a escritura, nem entendê-la, a escritura estava escrita na parede na forma de código. A mensagem na parede continha quatro palavras: MENE, MENE, TEQUEL, PARSIM (Dn 5.25)

A intepretação da escritura na parede

Alguns estudiosos e linguistas bíblicos afirmam que as palavras pareciam uma mistura de língua caldaica e língua do aramaico, mas não há como provar isso. As palavras escritas eram conhecidas na língua dos caldeus, mas eles não sabiam interpretar o sentido dessas palavras. Daniel, então, com autoridade de Deus dá a interpretação sem medo e com segurança.

O sentido das palavras da escritura (5.25-28). *"Esta é pois a escritura que se escreveu: MENE, MENE, TEQUEL e PARSIM"*. As duas primeiras palavras se repetiam: MENE, MENE e tinham o sentido de "contar ou contado". A palavra TEQUEL significa "pesado"e a última palavra é PARSIM que significa "dividido" (Dn 5.25). Na interpretação da mensagem, Daniel usou no versículo 28 a palavra "PERES", que é palavra correlata de "PARSIM" e tem o mesmo sentido. Nos versículos 26 ao 28, o profeta explica cada uma das palavras e diz sem medo a Belsazar o significado de cada uma delas. MENE (v. 26): "Contou Deus o teu reino e o acabou". TEQUEL (v. 27): "Pesado foste na balança e foste achado em falta". PERES (ou parsim)(v. 28): Dividido foi o teu reino e deu-se aos medos e aos persas".

O fim repentino do Império Babilônico (5.30,31). Belsazar não escapou do juízo de Deus pela sua profanação. Enquanto ele fazia sua festa blasfema, os exércitos medos-persas cercaram a cidade da Babilônia. Havia um sentimento de segurança dos habitantes da cidade porque ela tinha fortificações que pareciam impenetráveis. Seus muros eram altos e largos e todos se sentiam seguros. Porém, a estupidez e displicência de Belsazar o fizeram descuidar-se da segurança da cidade, quando Ciro, o persa, conduzia seus exércitos para cavarem canais aos lados do rio Eufrates afim de que as águas do rio fossem desviadas. As águas desviadas foram represadas e canalizadas deixando seco o leito do rio. Por esses canais, os exércitos medos-persas caminharam e tomaram de surpresa a cidade que não ofereceu qualquer resistência. Os exércitos invasores dos medos-persas, aliados, desarmaram os soldados da segurança da cidade naquela noite e não foi difícil tomar o reino. Dario, o medo, tomou o reino naquela noite fatídica para Belsazar e seus grandes.

Aquela noite foi uma demonstração de que Deus, o Todo Poderoso, tem o cetro de governo do mundo em suas mãos e que nada escapa ao seu poder. Esse fato lembra e tipifica o final do poder gentílico por ocasião da segunda vinda de Cristo. O colapso do império foi imediato. Tão logo foi dada a interpretação da mensagem e as honrarias feitas a Daniel para ser o terceiro homem do império, o exército de Dario entrou na cidade e o exército de Nabonido e de seu filho Belsazar, bem como a guarda do palácio não puderam evitar a invasão dos exércitos dos medos e dos persas.

Olhando escatologicamente a queda da Babilônia a identificamos como uma figura da Babilônia religiosa do Apocalipse 17 e a figura da Babilônia comercial de Apocalipse 18. No texto de Ap 18.10 está escrito: *"Ai, ai daquela grande cidade Babilônia, aquela forte cidade! Pois numa hora veio o seu juízo"*. Do mesmo modo como *Ciro, o persa,* desviou as águas do rio Eufrates e o secou para invadir com seus exércitos a grande Babilônia, nos faz lembrar a profecia do secamento do rio Eufrates como juízo divino expresso na abertura do sexto selo. Esse juízo significa a preparação do caminho aos reis do Oriente para invadirem com seus exércitos para a grande Batalha do Armagedom (Ap 16.12).

Após Daniel ter interpretado a escrita na parede e ter deixado pasmos a todos, Belsazar ordenou que vestissem a Daniel com roupas de púrpura e lhe pusessem um colar de ouro ao pescoço o proclamando como o terceiro homem do reino, a autoridade mais importante do império depois do rei Nabonido e de Belsazar. Mas Deus é reto em seus desígnios e permitiu que Belsazar fosse morto naquela mesma noite e, Dario entrou na Babilônia assumindo o seu trono (Dn 5.29-31).

Capítulo 8

INTEGRIDADE EM TEMPOS DE CRISE

"A sinceridade dos íntegros os guiará, mas a perversidade dos aleivosos os destruirá" (Pv 11.3)

A integridade envolve toda a pessoa: coração, mente e vontade. Dn 6.1-28

O relato do capítulo 6 de Daniel é uma história que obedece a organização cronológica na cabeça do escritor, por isso, os fatos dessa história acontecem dentro do segundo império depois da Babilônia, de Nabucodonosor. Assume o reino o novo império, com dois aliados da Média e da Pérsia e passou identificado como o reino medo-persa, inicialmente, com Dario, o medo, de 522 a 486 a.C. Neste tempo, Daniel não era um jovem quando iniciou-se o governo do novo reino. Já haviam se passado, aproximadamente, 60 anos e Daniel estava com mais de 80 anos de idade e ainda gozava de prestígio e confiança no novo reino.

Porém, a história do capítulo 6 é um testemunho pessoal de Daniel. É uma história que destaca o valor da integridade moral e espiritual em meio à corrupção que dominava o coração de alguns políticos do novo reino medo-persa. Daniel era um ancião respeitado, não só pela idade avançada, mas pela história de fidelidade aos demais monarcas, desde Nabucodonosor. Desde jovem, quando fora como exilado judeu para a Babilônia até o início do novo império (medo-persa) haviam se passado uns 60 anos. Durante todo esse tempo Daniel foi leal aos reis que passaram e nunca se descuidou de sua relação com o seu Deus.

Diferente dos outros homens do palácio, Daniel era um homem que tinha a lealdade como um princípio de vida. Sabia ser fiel e leal aos seus chefes sem trair seus valores morais e espirituais. Sua integridade moral chamava a atenção e causava inveja dos outros príncipes dentro do palácio. "A vida de Daniel prova que um homem pode ser íntegro tanto na adversidade como na prosperidade", como escreveu Hernandes Dias Lopes, em seu Comentário de Daniel. O sábio Salomão citou um provérbio que retrata a pessoa de Daniel, quando diz: *"A integridade dos retos os guia; mas, aos pérfidos, a sua mesma falsidade os destrói"*(Pv 11.3 —ARA).

I – DANIEL, UM HOMEM ÍNTEGRO EM UM MEIO POLÍTICO DE CORRUPÇÃO (6.1-6)

Depois da conquista medo-persa, Dario, era um tipo de vice-rei de Ciro, da Pérsia. Entretanto, foi Dario, um rei sobre o reino, especialmente, sobre os caldeus. O poder de mando era maior com Ciro, da Persia que era rei sobre todo o império, e vários textos bíblicos comprovam esse fato (Is 44.21—45.5; 2 Cr 36.22,23; Ed 1.1-4). Independente da discussão sobre quem reinava, de fato, é o nome de Dario que aparece no início do capítulo 6.

Mais de 60 anos já se haviam passado desde que Daniel e seus companheiros foram levados para o Palácio da Babilônia. Eram jovens que, naquela época, demonstraram integridade na sua crença no Deus Vivo e não se corromperam com as ofertas palacianas. Agora, com 85 a 90 anos, aproximadamente, já era um ancião experimentado que tinha ganhado a confiança dos reis que passaram por aquele reino. Estava agora, no início do segundo Império, o medo-persa, sob o comando desses dois reis, Dario, o medo e Ciro, da Pérsia. Daniel, por alguma razão especial continuou a gozar da confiança do novo rei, especialmente, na Babilônia.

Dario reorganiza o governo e delega autoridade administrativa

"Pareceu bem a Dario" (6.1). Coube a Dario a tarefa de governar o Império Babilônico que estava em crise política desde os tempos

de Belsazar. Dificuldades administrativas enormes se avolumavam e Dario, inteligentemente, colocou os negócios do império nas mãos de 120 "sátrapas", ou seja, 120 homens especiais que cuidariam de vários assuntos do império.

Esses sátrapas eram, de fato, presidentes nomeados e delegados para dirigir os negócios do reino, e Dario os submeteu à liderança de três príncipes, entre os quais, Daniel (6.2).

Logo Daniel se destacou entre todos porque Dario percebeu que havia nele *"um espírito excelente"*(6.3). Daniel gozava da confiança do rei e estava apto a servir os interesses do reino com lealdade. De algum modo, os outros presidentes souberam que Dario pretendia constituí-lo com autoridade sobre todo o reino (Dn 6.3). Essa possibilidade causou ciúmes e invejas dos demais que se fizeram inimigos de Daniel.

Daniel se torna alvo de uma trama política (Dn 6.4,5)

Dario, distinguiu três desses presidentes para tratarem dos negócios do reino com autoridade sobre os demais. Daniel, um dos três presidentes, se destacou entre todos pela sabedoria, prudência, fidelidade e integridade. O rei chegou a pensar em estabelecer Daniel como líder sobre todo o reino (v. 3). Essa possibilidade encheu de inveja e ciúme os demais presidentes, os quais não queriam a Daniel com tão importante posição uma vez que isso o faria superior a todos os demais e seria o representante mais próximo do Rei Dario. Aqueles homens não tinham outros motivos para afastá-lo dessa posição de destaque. Eles não tinham do que acusar a Daniel por qualquer deslize político ou moral contra o imperador. Ele não era inimigo de nenhum deles, mas era um dos poucos que viera dos antigos oficiais e logo conquistou a confiança e o respeito de Dario, e posteriormente, de Ciro, o persa.

A integridade e a lealdade de Daniel eram tão pungentes que eles não encontravam nada de que pudessem acusá-lo. Então tramaram alguma coisa que prejudicasse as relações de Daniel com o rei e com o reino. Mas o quê? Nada relacionado com dinheiro, ou com uso indevido de propriedades do reino, ou alguma desobediência às ordens do rei, nem mesmo qualquer tipo de vício (6.4).

O perigo das confabulações políticas.

"e não se achava nele nenhum vício ou culpa" (6.4) Quando abrimos os jornais ou constatamos na mídia televisiva a realidade das confabulações mentirosas, caluniosas envolvendo nossos políticos podemos entender como é difícil a vida política. Os políticos cristãos que exercem suas atividades nas câmaras municipais, estaduais e federais, precisam estar atentos para não negociarem a fé. Por causa da fé, são desafiados com leis injustas e que afrontam os princípios divinos. Para serem fiéis a Deus, essas pessoas tornam-se alvo de calúnias, mentiras para serem prejudicadas. No mundo político, há possibilidade de confabulações que denigrem a imagem moral daqueles que lutam por justiça e moralidade.

Daniel foi alvo dessa maldade dos seus pares dentro do palácio da Babilônia. Aqueles homens se tornaram inimigos de Daniel, sem que ele tivesse ofendido a qualquer um deles. Confabularam contra Daniel buscando alguma falha moral, material e mesmo religiosa, mas foram frustrados pela integridade dele (Dn 6.4,5). Osvaldo Litz escreveu em seu livro: "A estátua e a Pedra" que "o sucesso sempre exige um tributo. Também o sucesso conseguido através da fidelidade e do esmero. A intenção do rei de promover a Daniel para o posto de maior poder no governo suscitou a inveja dos outros presidentes. Eles seriam passados para trás e um estrangeiro teria poder sobre eles". A integridade moral e política de Daniel para com o rei eram incontestáveis. Porém, destacava-se, também, a fidelidade de Daniel para com o seu Deus que era conhecida pelos seus inimigos.

"Nunca acharemos ocasião alguma contra este Daniel, se não a procurarmos contra ele na lei do seu Deus" (6.5) A armadilha preparada para que Daniel caísse deveria ser pela sua fidelidade ao seu Deus, e não por qualquer transgressão. Nossos políticos cristãos são constantemente desafiados na sua fé para fazerem concessões e desonrarem a Deus.

Uma proposta para afetar a vida religiosa de Daniel (6.6-9)

Elaboraram uma trama contra Daniel e falsamente exploraram a vaidade do Rei apresentando uma proposta. A proposta seria um decreto real que expressava o apoio unânime dos proponentes. Naturalmente, Daniel não sabia de nada porque agiram de forma que todos os subordinados do reino, "presidentes, prefeitos, conselheiros e governadores" concordaram com a proposta levada a Dario, o rei (6.7). A falsidade desse grupo de elite do palácio, próximos do rei, explorou a vaidade e o ego do rei para que, por 30 dias, ninguém fizesse oração a outro deus que não fosse a Dario. A ideia falsa e mentirosa era o fortalecimento do poder real do rei. Ora, a ideia agradou ao rei que desejava ser a corporificação da deidade, recebendo adoração dos seus súditos. Daniel não havia sido consultado sobre o edito e sabia que o objetivo era atingir a sua vida devocional de oração e comunhão com Deus. O rei caiu na trama daqueles inimigos de Daniel ficaram na espreita para encontrá-lo orando e, desse modo, ter de que acusar a Daniel diante do Rei. Entretanto, Daniel continuou do mesmo modo, cumprindo seus deveres políticos, bem como o seu tradicional costume de orar três vezes por dia ao seu Deus (Dn 6.10).

II – DANIEL, UM HOMEM ÍNTEGRO QUE NÃO TRANSIGE COM SUA FÉ (Dn 6.10-16)

"*Daniel,...três vezes no dia se punha de joelhos, e orava*" (6.10). Nenhuma trama política mudaria seu hábito devocional de oração. Daniel soube do decreto do rei, mas não mudou seus hábitos cotidianos. De manhã, abria as janelas do seu quarto, voltadas para Jerusalém, e orava a Deus e pedia pela restauração do seu povo à sua terra. Daniel desde jovem entendeu que sua vida dependia da sua relação com Deus. A oração era o canal inteligente e racional pela qual ele seria guiado em suas decisões pessoais e políticas. A trama política visava neutralizar a voz de oração de Daniel. Em nossos dias, nossos políticos cristãos, comprometidos com o Senhor são desafiados a transigirem do conhecimento da Palavra de Deus para apoiarem decisões contraditórias que ferem frontalmente os princípios morais, éticos e religiosos da fé recebida em Cristo Jesus. Tão logo Daniel soube do edito real não mudou seu hábito de orar a Deus três vezes por dia. Ele não transigiria com sua fé, mesmo que lhe custasse a vida.

"*Três vezes por dia faz a sua oração*" (6.11). Era tudo o que seus inimigos queriam: encontrar um modo para acusar Daniel diante do rei e roubar-lhe o lugar e a posição de destaque que Daniel tinha para com o Rei. Teria que ser algo que atingisse o rei. Com ousadia, Daniel, mesmo sabendo do decreto do rei, não alterou seus hábitos. Continuou a abrir as janelas do seu quarto de dormir e, três vezes por dia, orava e dava graças a Deus. Não mudou sua postura de oração ao orar de joelhos. Daniel não escondeu nenhum dos seus hábitos.

(6.12-14) Nestes versículos está escrito que aqueles homens acharam Daniel orando a Deus. Imediatamente, se apresentaram diante do Rei e fizeram a acusação contra o homem de maior confiança de Dario e exigiram que o decreto fosse cumprido e Daniel sofresse a pena na cova dos leões.

(6.14) O Rei se entristeceu por causa de Daniel e descobriu que ele fora alvo da trama dos outros príncipes. Daniel era seu conselheiro fiel, e perde-lo seria uma tragédia para o seu reino. Esforçou-se ao máximo para não cumprir o decreto e livrar Daniel da cova dos leões, mas foi pressionado por aqueles homens e teve que cumprir a pena.

III – DANIEL, UM HOMEM ÍNTEGRO MESMO QUANDO LANÇADO NO FOSSO DOS LEÕES (Dn 6.16,17)

Daniel preferia ser sacrificado do que transigir com sua integridade

Daniel não discutiu, nem questionou sua condenação com o rei. Sua convicção era de que o seu Deus o livraria se assim o quisesse. Ele não deixou de orar e de manter seu hábito devocional. Daniel foi denunciado, preso e lançado na cova dos leões. Sua integridade não o livrou da maldade e da inveja dos seus inimigos do palácio. Ele, entretanto, preferiu não confrontar seus inimigos gratuitos, porque suas orações o sustentavam em quaisquer situações. Ter o coração íntegro tinha linha direta com Deus, dando-lhe paz interior para enfrentar aquela situação. Como crentes em Cristo estaríamos dispostos a sacrificar nossa vida e até morrer pelo nome de Jesus? O próprio Jesus declarou que no final dos tempos os verdadeiros discípulos seriam odiados, atormentados e levados à morte. Teríamos novos "daniéis" em nossos tempos modernos?

A confiança do Rei no Deus de Daniel.

"*O rei disse a Daniel: O teu Deus, a quem tu continuamente serves, ele te livrará*" (6.16-18). Certamente o rei já havia ouvido falar das proezas do Deus de Daniel nos anos em que Daniel esteve naquele palácio. O testemunho da grandeza do Deus de Daniel era uma realidade que aquele palácio não podia deixar de reconhecer. Mais uma vez Deus interfere numa situação que parecia impossível. Daniel era um ancião com mais de 85 anos de idade e seus inimigos não tiveram complacência. Pelo contrário, seus corações eram rancorosos e tudo o que queriam era livrar-se do velho Daniel. O Rei não conseguiu dormir, nem comer. Seu coração estava partido de tristeza. Restou-lhe um pouquinho de esperança de que o Deus de Daniel o salvaria de ser estraçalhado pelos leões naquela cova.

Nenhuma ameaça afetaria sua integridade (6.19-22). A proposta de uma lei escondia nas entrelinhas a maldade daqueles homens. A lei tinha que ser cumprida e o rei não poderia voltar atrás depois de assinada (v. 17). Dario, o rei, percebeu que havia caído na mesma armadilha que prepararam para Daniel. Viu-se forçado a cometer uma injustiça em nome do sistema da lei e da ordem. Percebeu que, os pretensos defensores da lei, ao seu redor, armaram uma situação para se cometer a pior injustiça contra um homem íntegro. Por isso, ele se empenhou até ao pôr do sol para evitar aquela injustiça contra Daniel.

Daniel nos deixou o exemplo de que é possível permanecer íntegro mesmo quando somos ameaçados e vítimas de conspiração contra nós. Foi o que aconteceu com Daniel. Seus pares no reino de Dario conspiraram contra ele buscando ocasião para acusá-lo diante do rei.

Integridade é uma palavra que significa "inteireza, ser completo, ser inteiro". Aprendemos que uma pessoa íntegra não é dividida, não age com duplicidade, não finge, não faz de conta. As pessoas íntegras não escondem nada porque são transparentes em seus comportamentos. Daniel nunca escondeu que orava a Deus e não faria isso escondido dos olhos dos outros. Sua fé em Deus jamais seria negada ou transigida por qualquer pressão política. Os inimigos de Daniel orquestraram uma situação de injustiça em que, Daniel não poderia escapar, nem o rei retroceder.

"E chegando-se à cova, chamou por Daniel " (6.20,21). O rei estava triste mas guardava a esperança de que o Deus de Daniel era poderoso para livrá-lo. Daniel ouviu a voz do rei e gritou de dentro da cova: "Ó rei, vive para sempre", indicando que estava vivo porque o anjo do Senhor o livrou.

*Daniel foi protegido da morte pelo anjo de Deus (*6.22,23). Os leões podiam estraçalhar seu corpo e deixar exposto apenas o seu esqueleto. Ele não podia fechar a boca dos leões, mas estava certo de que Deus o faria pelo seu anjo. Sem trair sua fé e sua integridade, Daniel não escapou da cova dos leões, mas o anjo de Deus entrou com ele naquela cova e fechou a boca dos leões.

A firmeza da fé de Daniel estava acima de qualquer trama diabólica, por isso, Deus enviou o seu anjo que fechou a boca dos leões que não puderam devorá-lo. Sua comunhão com Deus era algo vital e inalterável na relação entre ambos. A Bíblia declara que "*o anjo do Senhor acampa-se ao redor dos que o temem, e os livra*" (Sl 34.7). Dario, o rei estava triste, mas sabia que um milagre poderia acontecer porque o Deus de Daniel era Poderoso e poderia livrá-lo, por isso, foi à boca da cova (fosso) para constatar a possibilidade do milagre, sendo surpreendido pela sua realização.

(6.24,25) A maldição dos inimigos de Daniel caiu sobre a cabeça deles. Todos aqueles homens foram lançados na cova dos leões e estraçalhados, e não escapou nem mesmo suas famílias.

CONCLUSÃO

O Rei Dario honrou ao Deus de Daniel e os seus inimigos tiveram que enfrentar a mesma sentença que tramaram contra Daniel. Foram lançados na cova e estraçalhados pelos leões. Dario tornou público um novo edito "*a todos os povos, nações e línguas que moram em toda a terra*"(Dn 6.25) que se reconhecesse como o Deus verdadeiro o Deus de Daniel. Esse foi o fruto da sua integridade em todas as situações.

Capítulo 9

IMPÉRIOS MUNDIAIS E O REINO DO MESSIAS

Dn 7.1-28

Os estudiosos do livro de Daniel dividem o livro em duas partes, histórica e profética. Os capítulos 1 a 6 o identificam como históricos, mesmo contendo uma parte profética no capítulo 2. Os capítulos 7 a 12 são tratados como sendo proféticos. É interessante notar que os acontecimentos dos capítulos 7 e 8 antecedem os descritos nos capítulos 5 e 6. Se no capítulo 6, Daniel já passava dos 80 anos de idade, no capítulo 7, ele tinha aproximadamente uns 70 anos. Quando Daniel organizou o seu livro tratando das interpretações dos sonhos nos capítulos 2 e 6 e as visões que ele recebeu de Deus as separou da parte histórica.

No capítulo 7 inicia-se, essencialmente, a parte profética do livro de Daniel, o verdadeiro Apocalipse do Antigo Testamento. Esse capítulo 7 com a sua visão dos impérios mundiais é paralelo com o capítulo 2 que tem o sonho de Nabucodonosor. O capítulo 2 apresenta quatro impérios representados por quatro figuras do mundo material. A visão do capítulo 2 foi dada a um rei pagão, o rei Nabucodonosor e a visão do capítulo 7 foi dada a um servo de Deus, o príncipe Daniel. A Nabucodonosor a visão revela o lado político e material dos impérios, representados na figura da grande Estátua. A Daniel Deus revelou o lado moral e espiritual desses impérios representados pelas figuras dos quatro animais. Os fatos são os mesmos, mas o objetivo das duas visões difere nas finalidades. Deus mostra a decadência desses impérios e o surgimento do reino eterno do Messias.

Igualmente, os acontecimentos preditos e proféticos nos capítulos 7 a 12 se darão em sequência cronológica. As duas primeiras visões dos capítulos 7 e 8 se deram antes da festa de Belsazar, descrita no capítulo 5. Porém, a visão do capítulo 9 precedeu à experiência de Daniel na cova dos leões no capítulo 6. Já, a quarta visão de Daniel (cap.10 a 12) se deu no "ano terceiro de Ciro, rei da Pérsia"(Dn 10.1).

I – VISÃO DOS QUATRO ANIMAIS

Uma perspectiva do futuro

Nos capítulos 7 e 8 temos a história do futuro que vieram a Daniel em visões. Cada uma das visões está relacionada com os acontecimentos dos futuros governos mundiais representados por quatro impérios. Esses impérios são, em primeiro lugar, o da Babilônia, regido por Nabucodonosor; o segundo, o Império Medo-persa, pela aliança dos reis da Média e da Pérsia; o terceiro, é o Império Grego, que aparece sob a liderança de Alexandre Magno, que depois de morto, foi dividido entre seus quatro generais. O quarto império é o de Roma. Percebe-se que estes quatro impérios são os mesmos do sonho de Nabucodonosor no capítulo 2. A distinção entre os capítulos 2 e 7 está na figura da Estátua que Nabucodonosor viu em seu sonho, nos materiais de ouro, prata, cobre, ferro misturado com barro, e a figura de quatro animais no capítulo 7. Na verdade, esses quatro impérios mundiais representam os poderes gentílicos dominando o mundo.

No capítulo 2, o quarto Império, o Romano, representado pelo ferro das pernas e o barro misturado com ferro dos pés, é destruído por uma pedra cortada do monte que é lançada sobre os pés e destrói toda a estátua. Sem o uso de ferramentas, a pedra lançada representa o Reino do Messias que virá para desfazer o poder das forças gentílicas.

No capítulo 7, temos a figura do ancião sentado em um trono de juízo, e destrói o último inimigo. Depois, com "as nuvens do céu" vem o "filho do homem" que recebe o domínio, a glória e o reino e

Ele reinará para sempre. Não é outro senão, Jesus Cristo, o Messias, não reconhecido em sua primeira vinda, mas se dará a conhecer quando todo olho o verá vindo do céu sobre o monte das Oliveiras (Zc 14.4).

Sonhos e visões de Daniel (7.1). Nos capítulos 2 e 4, o agente das visões e sonhos foi Nabucodonosor e Daniel interpretou esses sonhos do rei. Agora, no capítulo 7, Daniel é o agente direto das revelações e interpretações que Deus lhe concedeu. Antes do capítulo 7, Daniel fazia um relatório na terceira pessoa e, depois, ele fala e escreve na primeira pessoa, relatando as suas visões. Outrossim, o texto diz que estas visões lhe vieram *"no primeiro ano de Belsazar"*. O reino da Babilônia já começava a dar os prmeiros sinais de enfraquecimento político quando Daniel tem essas visões de Deus. Essas visões de Daniel vieram entre os anos 552 e 553 a.C., que foi o primeiro ano do reinado de Belsazar.

Os quatro ventos do céu

Daniel, em sua visão, viu "*os quatro ventos do céu agitavam o Mar Grande"* (7.2) que simbolizam os poderes celestiais movimentando o mundo nos quatro pontos cardeais. São ventos que representam as grandes comoções políticas, os conflitos bélicos e sociais nas nações do mundo.

"mar grande"(v. 2) *e "subiam do mar"*(v. 3). O "Mar Grande" tem sido interpretado de dois modos: Alguns estudiosos veem o "mar grande" como sendo a humanidade; outros veem o "Mar Grande" como sendo o Mar Mediterrâneo, pelo fato, de que os quatro impérios da visão surgem junto ao Mediterrâneo. Por outro lado, "o mar", nas profecias escatológicas da Bíblia é interpretado, também, como sendo "as nações gentílicas" (Is 17.12,13). Minha opinião particular, fruto das avaliações que fiz do texto é de que "o Mar Grande" é o Mediterrâneo. O versículo 3 diz que "*subiam do mar*" e isto indica que se trata das nações adjacentes ao Mediterrâneo. Uma das razões é que, o último império do capítulo 2 e o 7, é o Império Romano, cujas dimensões alcançavam as nações gentílicas adjacentes a Roma.

II - O SIGNIFICADO FIGURADO DOS QUATRO ANIMAIS

Os quatro animais como já dissemos estão ligados com o Mar Mediterrâneo. O uso simbólico e profético do "mar" revela as turbulências e inquietações promovidas pelas lideranças desses personagens dos quatro impérios. Esses animais são diferentes uns dos outros e possuem caraterísticas que revelam a brutalidade daqueles dias de forma irracional porque as ações desses animais ultrapassarão o nível da racionalidade. Era o retrato que Deus dava desses impérios nas figuras animalescas do texto para revelar o surgimento deles ao longo da vida de Israel e do mundo, bem como, destacar o último grande império mundial sob a égide de Satanás, representado pelo Anticristo.

"o primeiro era como leão e tinha asas de águia" (7.4.). O leão, do mundo animal, o rei dos animais, simboliza a Babilônia, profetizado, também, pelo Profeta Jeremias (Jr 4.6,7). Comparando as visões do capítulo 2, a "cabeça de ouro"(Dn 2.32,37,38) é a "Babilônia" representada no capítulo 7 pelo "leão com asas de águia" (Dn 7.4), percebemos o paralelo entre os dois capítulos. Deus se utiliza de figuras do conhecimento cultural do homem para revelar verdades morais e espirituais, por isso, na visão de Daniel Deus usou figuras do mundo animal. No reino animal, o leão é o predador maior, portanto o rei. Aqui no capítulo 7 o leão representa o Império Babilônico e as "asas de águia" fala da conquista em extensão desse império que foi o maior do mundo naquela época. Na natureza, na fauna animal, o leão e a águia são os animais nobres. O leão é símbolo do rei dos animais terrestres e a águia é identifica como a rainha das aves do céu. Os dois, o leão e a águia representam a Babilônia pela ostentação de domínio e riqueza que tinha em relação ao mundo de então. O leão lembra a bravura, a violência e a força bruta sobre suas presas. Foi o que Nabucodonosor fez com as nações que subjugou sob seu domínio. A águia lembra a rapidez e a voracidade. Portanto, o domínio da Babilônia aconteceu entre os anos 605-539 a.C. Na visão, Daniel viu que o fim chegou para a Babilônia quando lhe "foram arrancadas as asas" (7.4) e isto lembra o fato quando Nabucodonosor que ficou demente, agindo

como animal do campo, porque não soube reconhecer a soberania divina. Ora, uma águia sem asas significa um poder desfeito, sem capacidade de voar. Depois de "arrancadas as asas", diz o texto que o mesmo "foi posto em dois pés como homem", e na sua recuperação voltou à racionalidade e passou a agir como homem normal. Com esta experiência, Nabucodonosor teve que reconhecer a soberania divina e lhe dar a glória que só pertence a Deus (Dn 4.24,25,32,33,36,37).

O segundo grande animal da visão é UM URSO (7.5). O urso, pela sua força e voracidade é quase tão formidável quanto o leão. É um animal pesado que tem um apetite voraz, carnívoro e que estraçalha suas presas sem dificuldade. É um animal que age com ataques súbitos e inesperados. Na interpretação de Daniel, esse "urso" representa o segundo império que sucedeu ao babilônico que foi o "império medo-persa" (Dn 2.39). Um detalhe interessante é que o texto diz: *"o qual se levantou de um lado"* (v. 5). Em outras versões, a compreensão se amplia com a forma como está escrito, quando diz: *"com uma das patas levantada, pronto para atacar"*, conforme está na Bíblia Viva. Subentende-se que o urso não está dormindo, mas está pronto para atacar e foi o que fez, unindo a Média e a Pérsia, num ataque violento contra os exércitos de Nabonido. Na visão, o urso tinha "três costelas entre os dentes" que podem representar o domínio sobre três pequenas nações conquistadas por Ciro e por Dario. O Império Medo-persa foi formado com a união das duas nações: a Média e a Pérsia. No capítulo 2, o peito e os braços da colossal estátua simbolizavam o império que sucedeu ao Babilônico, que é o medo-persa. Os dois braços simbolizavam a Média e a Pérsia que se aliaram para atacar a Babilônia e formar um governo só. Em relação a visão de Daniel, "o grande urso" se levantou de um lado, ou seja, se levantou para atacar com voracidade e foi o que fez.

Diz mais o texto que o tinha *"três costelas entre os dentes"* (v. 5). Os estudiosos escatológicos discutem sobre "*as três costelas*" entre os dentes do grande urso, que podiam representar três outras nações que foram conquistadas por esse império. A maioria desses estudiosos entende que se tratava da Babilônia, da Lídia, na Ásia Menor e do Egito. Essas nações fizeram uma coligação para suplantar as ameaças de dois reis, Dario e Ciro. Essas três nações (Babilônia, Lídia e Egito) não conseguiram reagir porque "o urso" atacou com força voraz e muita violência e os desfez. As *"costelas entre os dentes"* era o resultado de outra ordem divina para o ataque do Urso, quando diz: *"Levanta-te, devora muita carne"*. Segundo a história e as profecias bíblicas, especialmente, de Isaías, Ciro da Pérsia foi usado por Deus e é chamado o seu "ungido" para desfazer a força da Babilônia (Is 44.28; 45.5). Deus usou um rei pagão para fazer o que ele estabeleceu em sua soberana vontade para punir aquelas nações e para restaurar o seu povo em Jerusalém. Porém, na presciência divina, haveria um tempo para os sucessos do Império Medo-persa e esse tempo chegaria com o surgimento de outro animal: um leopardo.

O terceiro grande animal da visão é um LEOPARDO COM QUATRO ASAS (7.6). A primeira frase que aparece na sequência da visão depois do segundo animal, o urso, foi a seguinte: *"Depois disso, eu continuei olhando"*. Essa frase dá a entender que os animais apareceram na visão em sequência. Não apareceram todos ao mesmo tempo, mas um depois do outro, porque Deus queria facilitar a compreensão do seu servo Daniel em todos os detalhes da visão. O terceiro animal, portanto, era um leopardo, ou semelhante a um leopardo. A caraterística principal desse animal era a sua agilidade, a sua rapidez. Acima de tudo, esse leopardo não era semelhante aos leopardos comuns porque ele tinha *"quatro asas nas costas"* e tinha, também, *"quatro cabeças"*. Deus toma a figura desse animal extraordinário, porque não havia no mundo animal nenhum semelhante. Esse leopardo era uma representação da Grécia, que, com estupenda velocidade e crueldade conquistou o mundo de então que estava sob o domínio medo-persa. O leopardo comum, além de ser carnívoro, é capaz de ataques súbitos e inesperados. Esse ágil e forte leopardo representa, sem dúvida, ao reino grego sob a força militar de Alexandre em 331 a.C. Como figura mítica, esse leopardo tinha quatro asas de ave e quatro cabeças. *As asas* indicam o império depois da morte de Alexandre (323 a.C.). O Império Grego, no capítulo 2 é representado no sonho da Estátua de Nabucodonosor representado pelo *"ventre e as coxas de cobre"* (Dn 2.32). No capítulo 7, Daniel vê o leopardo alado e com quatro cabeças como o Império Grego que veio com Alexandre, o Grande, da Macedônia. Em dez anos, Alexandre com enorme rapidez dominou o Império Medo-persa em 334 a.C., e expandiu o seu domínio na Europa e na Índia. Ele tinha uma obsessão em conquistar outros territórios, e o fez com quatro principais generais de guerra.

O texto diz que *"foi-lhe dado o domínio"* (v. 6) e, de fato, rapidamente Alexandre conquistou as nações ao redor e a influência do seu domínio, especialmente, na cultura, foi capaz de tornar-se referencial cultural para o mundo inteiro até os tempos modernos. Porém, em 323 a.C., Alexandre teve uma morte súbita e o seu reino foi dividido por seus quatro generais. A Cassandro, foi-lhe dado a Macedônia e a Grécia; a Ptolomeu I, a Palestina e o Egito; a Selêuco I, foi-lhe dado a Síria e a Lisímaco, foi-lhe dado a Asia Menor e Trácia.

Na linguagem bíblica, a figura da "cabeça" simboliza governo (Is 7.8,9; Ap 13.3,12) e *"as quatro cabeças"* do leopardo representam os quatro generais que repartiram entre si o império depois da morte de Alexandre, o Grande. O leopardo, como um todo, diz o texto no versículo 6 que *"foi lhe dado o domínio"*. Naturalmente, entende-se, antes de tudo, que Deus tem o cetro de governo do universo e deu ao rei grego o poder de dominar por um pequeno período de tempo. No projeto divino prevalece a sua soberania que domina sobre as nações do mundo. Esses quatro generais se tornaram reis nas regiões designadas e se destacaram pela mesma ambição de glória e de poder como seu líder e desenvolveram conflitos entre si e lutaram entre si. Segundo outra visão que Daniel teve acerca desse mesmo império no capítulo 11.4: *"o seu reino será quebrado, e repartido para os quatro ventos do céu, mas não para a sua posteridade"*. Mais uma vez, ninguém rouba o cetro de governo de Deus. O Império Grego também passou e foi superado por outro mais forte e violento, o Império Romano. O leopardo audaz foi abatido pelo *"animal terrível e espantoso"* (Dn7.7).

O quarto grande animal tem aparência indescritível (7.7,23)

À semelhança do capítulo 2, o Império Romano aparece no sonho de Nabucodonosor representado pelas "*pernas de ferro e os pés, em parte de ferro e em parte de barro*" (2.33). No capítulo 7, o Império Romano aparece na visão de Daniel como um "*animal terrível e espantoso*" (Dn 7.7). Esse quarto animal não se parece com qualquer outro tipo do mundo animal. Não havia nada comparável do mundo animal. O profeta percebe que era um animal, um monstro mítico o qual define como um animal "*terrível e espantoso*". A característica que se destacava nesse animal era a sua força e poder de destruição. Esse animal tinha "*dentes de ferro*" que triturava tudo o que estivesse à sua frente, indicando força e insensibilidade no trato com coisas vivas (v. 23). A força desse império foi demonstrada pela força militar que se tornou o maior referencial da sua conquista. Esse é o império sequente que veio depois do medo-persa.

"*terrível e espantoso*" (7.7). Esse animal deixou seus rastros de morte e destruição por onde passava. O Império Romano é caraterizado pela dureza do ferro que é um símbolo do poder militar. Pelo poder militar, o Império Romano impôs sua força brutal, com violência e dureza, inclusive nos tempos da vida terrestre de Jesus Cristo. Os sofrimentos impingidos na prisão, martírio e crucificação de Jesus revelam a força bruta das milícias romanas contra as pessoas. Em relação ao quarto animal, Daniel o vê como "*terrível e espantoso*". Isto lembra, não só as proezas romanas, mas a violência como cultura e entretenimento, quando levavam seus prisioneiros às arenas romanas para serem devorados por animais carnívoros e famintos, enquanto a elite e o povo assistiam com aplausos e gritos (At 19.12-18; At 16.36-39). Nos tempos cristãos, ainda sob a égide romana, milhares de cristãos foram martirizados nessas arenas e circos, especialmente, em Roma. O império se impunha pela força bruta, por isso, "*tinha dentes grandes de ferro*" que a tudo destruía e triturava. Diz o texto que a tudo que tomava nos dentes "*fazia em pedaços*". No versículo 23, Daniel explica e interpreta a figura desse quarto animal representando um reino em que a crueldade seria a marca do império desde 241 a.C. até 476 d.C. Esse império é visto numa perspectiva escatológica, pois cremos que, mesmo que aparente e fisicamente tenha deixado de existir, historicamente, num tempo especial ele ressurgirá com força reunindo as forças gentílicas das nações do mundo, especialmente, as nações adjacentes ao "Mar Grande", o Mediterrâneo, e mostrará sua força sob a liderança do Anticristo.

"Estando eu considerando as pontas (chifres), eis que entre elas subiu outra ponta pequena (chifre)" (7.8). Em outras versões, a tradução apresenta de forma direta como *"chifre pequeno"* que surge entre os demais chifres no espantoso animal. Esse *"chifre pequeno"* representa, escatologicamente, *"o homem do pecado"* ou *"o filho da perdição"* (2 Ts 2.3) que surgirá num determinado tempo designado por Deus identificado como o *"anticristo"*. Esse personagem aparecerá, literalmente, no "último tempo", ou seja, na Grande Tribulação, blasfemando contra o Altíssimo até que venha o juízo de Deus sobre ele. Os *dez chifres* do quarto animal representam a força desse terrível animal. Conforme a visão, Daniel vê sair do meio da cabeça desse espantoso animal, entre os dez chifres um *"chifre pequeno"* que tem olhos e uma boca que "fala insolências". Falar insolências significa falar com desrespeito às instiuições e pessoas. Significa ser desaforado e é exatamente o que o personagem do "chifre pequeno" fazia e fará na pele do Anticristo. Esse *"chifre pequeno"* surgirá entre os outros chifres do "*animal terrível espantoso*", ou seja, entre os dez reinos no último tempo como está profetizado e interpretado por Daniel nos versículos 24 e 25, quando diz: *"E, quanto às dez pontas, daquele mesmo reino se levantarão dez reis; e depois deles se levantará outro, o qual será diferente dos primeiros e abaterá a três reis. E proferirá palavras contra o Altíssimo, e destruirá os santos do Altíssimo, e cuidará em mudar os tempos e a lei; e eles serão entregues nas suas mãos por um tempo, e tempos, e metade de um tempo"*. Esse chifre pequeno será um homem que aparecerá no "último tempo" e blasfemará contra Deus, até que lhe venha o juízo divino.

"o chifre pequeno" (7.8). Tanto em Daniel 7.8 como em Apocalipse 13.1,5,6, as profecias apontam para um personagem dos

últimos tempos, o Anticristo. A relação das profecias dadas a Daniel no Antigo Testamento e a João, o apóstolo, no Novo Testamento, nos mostra que os dois apontam para o governante simbolizado por esse "chifre pequeno" e que o mesmo adquire personalidade porque tem *"uma boca que fala grandiosamente"*. Falar coisas grandes sugere que este Líder fará promessas políticas persuasivas, especialmente, para enganar o povo de Israel e todo o mundo, que ficarão pasmados com a eloquência desse personagem. Assim como os discursos de líderes políticos do mundo influenciam nações e políticos com decisões que podem ser para a guerra ou para a paz, o Anticristo terá um poder enorme de persuasão entre as nações. É desse modo que o Anticristo fará um pacto com Israel no período da Grande Tribulação. Segundo a visão escatológica de Daniel, esse Líder (o *"chifre pequeno"*) representado pelo Anticristo será investido de autoridade e fará fortes ameaças para manipular os governos de todo o mundo naquela época. Ele dirá grandes blasfêmias contra Deus e, arrogantemente terá uma postura zombeteira contra Deus e contra o povo de Israel. O apóstolo João, em sua visão apocalíptica no capítulo 13.6 diz: "Abriu a boca contra Deus, para blasfemar do seu nome, e do seu tabernáculo, e dos que habitam no céu". Hoje, nosso mundo parece estar sob a síndrome desse líder futuro que mostra os seus primeiros sinais e se não mostrou a sua cara ainda é porque a Igreja de Cristo está na terra. Mas não há dúvida, o espírito do Anticristo, movido pelo Diabo, está agindo e preparando o cenário mundial para o seu advento. Os líderes atuais do planeta, para governar as nações, usam recursos do materialismo, da idolatria, mas terão uma retórica vazia com discursos inflamados para acusar as nações que ainda possuem um pouco de temor a Deus. Esse líder será, sem dúvida, um líder político, mas irá explorar a religiosidade dos seres humanos e mostrará, entre outras simulações, alguém que terá aparência religiosa para enganar os povos religiosos do mundo, explorando o fanatismo religioso dos povos com o objetivo de tirar proveito para si. Vivemos tempos de rebelião e oposição contra Deus quando o Diabo prepara o mundo para a plataforma do Anticristo.

III – O CLÍMAX DA VISÃO (7.9-14)

A escatologia está sendo abandonada por muitas igrejas e pregadores, porque entendem que a igreja não deve se preocupar com Israel, nem com o seu futuro. Algumas igrejas e pregadores preferem uma teologia horizontalizada que se preocupa, essencialmente, com "o aqui e agora", com o "hoje". Ensinam alguns que as profecias de Daniel e Apocalipse têm um caráter apenas alegórico e que pode ser descartado por temas atuais. Entretanto, não podemos descartar a importância dessas profecias que apontam para o futuro.

A visão de Tronos e do Juízo de Deus (7.9-14)

O texto diz: *"foram postos uns tronos"* (7.9). A partir do versículo 9, Daniel vê uma cena de juízo da parte de Deus contra o quarto animal, ou seja, a quarta Besta que aparece na visão com um vislumbre escatológico para o Anticristo. Esses tronos, no plural, indicam vários juízos aplicados nos dias da Grande Tribulação. É interessante notarmos que os tronos de juízo aparecem simultaneamente com a aparição do "chifre pequeno" indicando todos aqueles juízos revelados na visão do Apocalipse a João na Ilha de Patmos. Esses tronos vistos na visão de Daniel indicam tribunais em que alguns personagens especiais se assentam para julgar. O texto lembra um tribunal como a Suprema Corte que reúne juízes para julgar. O próprio Deus, Juiz Supremo, se assenta no seu Trono, acompanhado de seu Conselho Celestial para julgar (1 Rs 12.19; Jó 1.6).

"o ancião de dias" (7.9-12). Esse personagem, o "ancião de dias", ganha destaque na visão de Daniel. E uma figura humana que ilustra o respeito pelo que Deus é, naturalmente, muito mais que "um ancião de dias"; muito mais que alguém respeitado pela idade, porque Deus é o Supremo Juiz, que aparece como um *"ancião de dias"* numa referência a cultura humana de respeito às pessoas idosas, por causa da experiência e a sabedoria. As palavras hebraicas *atiz e yomin* que se traduz por "ancião de dias" é uma designação do Deus Todopoderoso como Jiiz supremo, quem derramará seus juízos contra os reinos do mundo que tenham se associado com

o Anticristo. Por isso, essa figura do "ancião de dias" é utilizada para identificar a Deus como aquEle que tem autoridade e poder para julgar, especialmente, contra o personagem daquele "pequeno chifre".

A sua *"veste branca como a neve"* (7.9) fala de pureza e santidade. Deus é Santo (Is 6.1-4) e está rodeado de anjos santos.

"Um rio de fogo manava e saía de diante dele" (7.10). Como vislumbrar a glória que envolve a majestade divina? A figura do fogo ilustra o que Deus é: santo, puro, iluminador, purificador. A visão do profeta Isaías no capítulo 6 do livro seu livro ilustra a glória do fogo diante do Trono de Deus. O versículo 10 fala da santidade do "ancião de dias" que é o Pai Celestial e a relação do seu trono com o fogo que manava do Trono para falar de pureza e justiça. As *"rodas do trono"* indicam que Deus não é uma figura estática como os promulgará a sentença final contra o quarto animal (Roma) e o Chifre Pequeno, representado como o grande opositor dos interesses de Deus para com Israel (7.11,12).

"milhares de milhares o serviam diante dele" (7.10). Daniel percebe que o fogo que manava e saía de diante dEle é identificado com os anjos celestiais que o servem. Os anjos são seres espirituais que podem tomar muitas formas, porque não possuem forma que se possa identificá-los. Na visão de Daniel eles são chamas de fogo que se diversificam em milhares de seres que servem ao Trono do Supremo Deus.

IV – O JUÍZO CONTRA O ANIMAL

O juízo divino contra o império sob o domínio do "chifre pequeno" está declarado assim: *"estive olhando até que o animal foi morto, e o seu corpo desfeito, e entregue para ser queimado pelo fogo"* (7.11). O juízo de Deus, sentado em seu Trono de Justiça e Juízo, rodeado de seus anjos, é lançado para por fim a soberba do Anticristo e seus aliados naqueles dias. Ele acabará como os demais. À semelhança dos reis profanos, soberbos e arrogantes como Nabucodonosor, Antíoco Epifânio, Herodes, Nero, Hitler e outros que tiveram uma liderança de destruição e morte, desafiando a Deus e não reconhecendo a sua Soberania, foram destruídos porque só Deus é Deus Todo-Poderoso e tem o cetro de autoridade e governo do mundo.

O apóstolo João profetizou o fim do Anticristo naqueles dias, à semelhança da visão de Daniel 7.11,12, ele viu e revelou em Apocalipse 19.11,17-19: "*E vi o céu aberto, e eis um cavalo branco. O que estava assentado sobre ele chama-se Fiel e Verdadeiro e julga e peleja com justiça. E vi um anjo que estava no sol, e clamou com grande voz, dizendo a todas as aves que voavam pelo meio do céu: Vinde e ajuntai-vos à ceia do grande Deus, para que comais a carne dos reis, e a carne dos tribunos, e a carne dos fortes, e a carne dos cavalos e dos que sobre eles se assentam, e a carne de todos os homens, livres e servos, pequenos e grandes, e vi a besta, e os reis da terra, e os seus exércitos reunidos, para fazerem guerra àquele que estava assentado sobre o cavalo e ao seu exército*". Esse cavalo branco e seu cavaleiro de Ap 19.11 não são os mesmos do capítulo 6.2. Lá no capítulo 6 de Apocalipse, o personagem é o Anticristo e no capítulo 19, o personagem é o próprio Cristo, descendo do céu para destruir o Anticristo e seus comparsas no período da Grande Tribulação. Assim como o personagem do "chifre pequeno" de Dn 7 foi morto e destruído, o futuro Anticristo será destruído pelo poder da vinda de Cristo. O tempo de domínio do personagem do "chifre pequeno" terá seu fim, porque a profecia diz que *"foi lhe dada prolongação de vida até certo espaço de tempo"* (Dn 7.12).

"e eis que vinha nas nuvens do céu um como o filho do homem" (7.13,14). Nestes dois versículos, Daniel chega ao clímax das visões e revelações. A Palavra de Deus nunca se contradiz nem submerge com contradição. Pelo contrário, ela se complementa, se interpreta e se aplica a si mesma conforme as necessidades dos que servem a Deus. No versículo 13 está escrito literalmente que o Filho do homem *"vinha nas nuvens do céu"*. Esta profecia é repetida em Atos 1.9-11, onde os anjos anunciavam que o Jesus que subiu gloriosamente ao céu haveria de vir. Posteriormente, na revelação que Jesus deu ao seu amado apóstolo João, a mensagem é repetida: *"Eis que vem com as nuvens, e todo olho o verá, até os mesmos que o traspassaram"*(Ap 1.7). Daniel, em sua visão, viu esse personagem que vinha nas nuvens do céu e se identificava como "o filho do homem", o qual se dirigiu ao Ancião de Deus. Não há dúvida que se tratava de Jesus, a segunda pessoa da Trindade. Este "filho do homem" recebeu a concessão de

poder e domínio sobre todas as nações para que o servissem, porque o seu domínio seria um domínio eterno que não passaria e seu reino não seria destruído. O título *"filho do homem"* tem um sentido messiânico, porque se refere, primeiramente, à vida terrena de Jesus. Porém, esse mesmo Jesus que foi rejeitado pelos judeus em sua primeira vinda e que se manifestou como "o filho do homem", virá gloriosamente e com a aparência de "filho do homem" para desfazer o reino do Anticristo e tomar o reino de Israel e se assentar no Trono de Davi (Zc 14.1-4). Ele receberá o poder, a glória e o domínio sobre a terra quando descer para instalar o reino milenial na terra. Ao introduzir o Reino de Deus na terra, em sua vida terrena, como o Verbo divino feito carne (Jo 1.1,14), Jesus Cristo, virá a segunda vez, e inaugurará uma nova fase do governo de Deus na terra, instalando um reino de mil anos (Ap 20.2,6).

(7.15-17) Daniel fica perturbado com a visão e pede a Deus que o faça entender. Um dos seres angelicais que estava presente na visão lhe explica tudo e lhe dá a interpretação da visão.

"os santos do Altíssimo" (7.18). Quem são? Os amilenistas que negam a literalidade do Milênio e o veem alegoricamente, isto é, não creem na realidade são dos amilenistas, "os santos do Altíssimo" são os anjos. Na visão milenista e pré-tribulacionista, "os santos do Altíssimo" são, indubitavelmente, os judeus (Dn 7.21; 9.24; Ap 13.7; 17.6). Jesus Cristo, "o filho do Homem" reinará literalmente na terra por mil anos. Esses santos são, de fato, os judeus fiéis salvos quando o Messias voltar para reinar literalmente. O reino milenar não é para a igreja de Cristo, mas é para os judeus e o mundo depois da Grande Tribulação. O milênio não é mera alegoria. O milênio será real e literal, quando Jesus Cristo tomar posse do governo do mundo e desfazer o poder da trindade satânica constituída pelo Diabo, o Anticristo e o Falso Profeta. Segundo o autor D. Pentecost, diz que "o propósito original de Deus era o de manifestar sua absoluta autoridade, e este propósito se realizará quando Cristo reunir a teocracia terrenal com o reino eterno de Deus. Desta maneira se por uma parte o domínio teocrático terrenal se limita a mil anos, que é tempo suficiente para manifestar

o governo perfeito de Deus sobre a terra, uma vez que seu reino é eterno e para sempre".

(7.19-22) Nestes versículos Daniel tem o entendimento dos quatro reis, ou seja, os quatro animais, que ressurgirão sob a égide do Anticristo e perseguirão "os santos do Altíssmo".

"a ponta pequena (o chifre pequeno) fazia guerra contra os santos e os vencia" (7.21). Este chifre pequeno é a encarnação do Anticristo, forte e robusto, que fará guerra contra Israel e produzirá grande sofrimento e perda em Israel naqueles dias. Será um líder com grande domínio de massas e politicamente atrativo e atrairá apoio das nações contra Israel. Mas seu poder será desarraigado por um poder maior, o poder do "Filho do Homem", Jesus Cristo que o destruirá e tomará posse de um reino prometido, poderoso e consolidador. A Bíblia declara que o Anticristo será, de fato, o último líder mundial antes de Cristo, o Messias desejado e sonhado por Israel.

"o tempo em que os santos do Altíssimo possuirão o reino" (7.22). Esse tempo será cumprido ao final da grande Tribulação, ou seja, especialmente depois do segundo período da "semana profetizada por Daniel (Dn 9.27). O *"ancião de dias"*, subjetivamente é Deus Pai quem declara que o tempo da possessão do reino havia chegado. Até o final dos dias da "última semana", o "chifre pequeno" será quebrado para sempre. Seu reino será aniquilado. A destruição desse rei blasfemo e déspota acontecerá inevitavelmente quando se terá cumprido o período de três anos e meio, ou seja, o período que compreende ao *"tempo, tempos e metade de um tempo"*. E, exatamente, na metade da semana da Grande Tribulação. Esse período é identificado como o "tempo dos gentios" no qual as nações gentílicas dominarão o mundo e massacrarão a Israel. O tempo dos gentios terminará com o fim da "última semana" de Daniel 9.27, ou seja, dos sete anos da Grande Tribulação.

(7.23,24) Nestes dois versículos Daniel dá a interpretação da identidade e das ações do quarto animal que é o Império Romano. Descreve a sua força, domínio e glória, bem como, o juízo que virá sobre esse império e a sua destruição pelo poder da vinda de Cristo, a sua *parousia* com poder e glória (2 Ts 2.8 e Ap 19.20).

V - O TEMPO DA GRANDE TRIBULAÇÃO

"tempo, tempos e metade de um tempo" (7.25). Esse texto aponta, literalmente, o período de tempo em que ocorrerá um grande sofrimento no mundo, especialmente, contra Israel. Será o período quando "o chifre pequeno", e na linguagem do Novo Testamento o "anticristo", firmará o concerto com Israel por "uma semana" (Dn 9.27). Esse período ganha uma linguagem metafórica quando fala de *"um tempo, e tempos, e metade de um tempo"*(v. 25). Esse período equivale a "três anos e meio", ou a "42 meses", ou "a 126 dias" (Dn 12.7; 9.27; Mt 24.21,22; Ap 7.14). É interessante notar que a primeira metade da semana de três dias e meio será de artifícios políticos do Anticristo simulando um tipo de paz nas relações de Israel com as nações. Até que o Anticristo quebre o pacto e comece a pressionar e perseguir a Israel, atraindo o apoio das nações contra Israel. Então se inicia a segunda metade da semana prescrita da Grande Tribulação. "O tempo dos gentios" será, literalmente, o tempo do ódio mundial contra Israel. Na primeira metade dos sete anos (três anos e meio) o Anticristo fará acordos com Israel os quais não cumprirá. Nesse primeiro período ele exercerá poder e influência política e econômica sobre Israel. Depois, quebrará o pacto feito e não cumprirá o acordo com Israel e fará pressões e incitará as nações para guerrear contra Israel para destruí-lo. Existe uma teoria, chamada midi-Tribulação e baseia esta interpretação no texto de Mt 24.15-28, quando Jesus discursa especialmente para o povo judeu.

A Grande Tribulação não será para a Igreja de Cristo. A igreja será, antes da Grande Tribulação, arrebatada para o céu e os mortos em Cristo serão ressuscitados gloriosamente (1 Co 15.51,52; 1 Ts 4.13-18). Portanto, o Messias virá para Israel e para o mundo e a igreja não estará na terra. O Messias virá para cumprir o sonho desejado e profetizado para intervir no "poder dos gentios" sob o comando do Anticristo e assumirá o Reino sobre a terra.

A destruição do Anticristo (7.26,27)

Até chegar a esse ponto, Cristo descerá sobre a terra literal e visivelmente sobre o Monte das Oliveiras (Zc 14.1-4). Cristo é o

Messias sonhado e desejado por Israel e virá para esse povo. Na sua vinda gloriosa e visível, especialmente para Israel promoverá espanto no mundo inteiro. O Diabo saberá que o seu poder de destruição do povo de Israel estará detido. O Messias, Jesus Cristo, então, destruirá esse rei blasfemo e déspota, o Anticristo, e assumirá com autoridade o governo do povo de Deus naqueles dias e iniciará seu governo milenar na terra. Desse modo terá cumprido o período dos "três anos e meio" da segunda metade da semana de Daniel (Dn 9.27). Alguns historiadores preferem interpretar esse período como tendo o seu cumprimento no ano 70 d.C, mas esquecem que é no final do período do domínio do "pequeno chifre" que o reino será dado aos santos do Altíssimo, o povo de Israel. Não há o que duvidar! Depois de tudo isso se estabelecerá o reino do Messias. Não há dúvidas, também, de que a igreja de Cristo não estará na terra nesse período, porque será arrebatada antes que inicie o tempo da Grande Tribulação.

"E o reino e o domínio, e a majestade dos reinos debaixo de todo o céu serão dados ao povo dos santos do Altíssimo" (7.27). O Anticristo não poderá resistir ao poder daquEle que é mais poderoso do que ele, que é o Senhor Jesus Cristo o qual destruirá ao Anticristo e tomará o seu domínio e o passará aos "santos do Altíssimo" que são israelitas naqueles dias. O Anticristo será destruído pelo fogo (Dn 7.11) e será lançado no Geena (o Lago de fogo) para sempre (Ap 19.20). A Bíblia diz que ele será destruído pela força da vinda do Messias (2 Ts 2.8). A vitória final contra as forças do mal será culminada com o triunfo de Cristo Jesus (Dn 7.27).

O início do Reino de Cristo no Milênio (7.28)

O reino do quarto animal, representado pelo "chifre pequeno" que é um antítipo do "filho da perdição", do "homem do pecado", do anticristo, cujas nominações se referem ao mesmo personagem, será desfeito e prevalecerá o Reino de Cristo sobre a terra. A batalha do Armagedom que acontecerá no final da "semana de Daniel", quando as nações da terra estarão sob o comando do Anticristo pisando e tentando destruir totalmente a Israel, o Senhor Jesus Cristo virá para interferir naquela guerra e obterá grande vitória contra o Diabo, seus anjos e os comandos do Anticristo. Ele, Jesus Cristo, tomará o comando das nações e reinará e estabelecerá seu reino milenar, e então, o domínio e a majestade dos reinos do mundo serão dados ao povo dos "santos do Altíssimo"(Ap 10.7).

Capítulo 10

O Prenúncio do Tempo do Fim

"O tempo do fim não o fim do mundo, mas é o tempo de tratamento de Deus com o povo de Israel, que serve de sinal da vinda de Cristo".
Dn 8.1-27

Se fizermos uma digressão ao conteúdo dos capítulos 2 ao 7, Daniel apresenta a história e profecia relacionadas diretamente com as nações gentílicas. Nos capítulos 3 e 6 a história ganha um sentido especial porque fala da vitória do remanescente judeu contra as influências pagãs. O capítulo 4 é um testemunho que o Rei Nabucodonosor faz acerca da sua experiência que o levou a tornar-se insano e agir como um animal do campo, fruto do juízo da parte de Deus, que por fim o restaurou da sua insanidade mental. No capítulo 5, temos a queda do Império Babilônico, por ocasião da festa de Belsazar. Nesta festa, com a profanação dos vãos sagrados do templo de Jerusalém, Deus intervém na festa e sua mão escreve na parede do salão de festas a sentença de juízo contra o Império Babilônico. No capítulo 6, a história de Daniel na cova dos leões é inserida na história que o profeta quis contar, mas que o fato havia acontecido 60 anos depois, no primeiro ano do reinado do rei Dario, o medo, aproximadamente no ano 539 a. C. Daniel teve o propósito de enfatizar a fidelidade em meio a desobediência civil ante leis e decretos que tinham como objetivo se opor ao Deus de Daniel.

Ao chegar ao capítulo 7, Daniel dava início à segunda parte do livro. A partir de então, as visões foram específicas a Daniel, tratando do futuro do seu povo (Israel) e das nações do mundo representadas pelas figuras dos quatro animais com caraterísticas diferentes que lembram as figuras mitológicas do mundo pagão. Neste capítulo temos a segunda visão de Daniel. No capítulo 7 aparecem os quatro animais representativos dos impérios que governaram o mundo de então, mas que prefiguravam o juízo e o estabelecimento do reino de Deus na terra num tempo especial. Neste capítulo, Deus revela a Daniel o futuro desses impérios por meio de sonhos.

Chegamos ao capítulo 8, quando Deus revela o destino desses impérios por meio de uma visão que tem um caráter particular. Neste capítulo, Deus mostra a Daniel a queda dos dois últimos Impérios, o Medo-persa e o Grego, representados pelas figuras de outros animais: um bode e um carneiro. Os mesmos impérios tratados no capítulo 7 e representados pelo Urso (7.5) e pelo Leopardo (7.6) ganham um sentido especial e particular no capítulo 8. Os dois outros animais, com caraterísticas especiais eram um carneiro (8.3,4) e um bode (8.5-9). Ambos eram animais poderosos, mas foram destruídos, porque ninguém prevalece contra o Cetro de Deus.

Chama atenção a partir do capítulo 8 a mudança de idioma utilizado por Daniel. Nos capítulos 2 ao 7, o idioma do texto foi o aramaico dos gentios, no qual Deus trata diretamente com as nações gentílicas. Nos capítulos 8 ao 12, o idioma foi o hebraico, porque a visão dizia respeito, essencialmente, ao povo judeu, sob o domínio desses impérios mundiais.

Porém, no capítulo 8, Deus revela a Daniel as caraterísticas dos dois Impérios, o Medo-persa e o Grego, representados por dois animais, "o carneiro e o bode". Os elementos históricos da profecia tiveram seu cumprimento no passado; porém, algumas caraterísticas desses dois impérios personificam o futuro de Israel e o que acontecerá no "tempo do fim"(Dn 8.19).

I – ASPECTOS GERAIS DAS VISÕES DE DEUS A DANIEL

Nos tempos antigos a linguagem figurada era utilizada, especialmente, pelos povos pagãos. A cultura da época ilustrava valores e aspectos humanos através de componentes da natureza, do mundo animal. Neste capítulo, o escopo é menos abrangente, mas não menos importante, porque a visão tem apenas dois animais que surgem poderosos e ultrajantes pelo poder de violência e destruição que promovem. Nesta visão, Deus mostra a Daniel esses dois animais que representavam força, energia, autoridade, poder e perspicácia na invasão das nações e no domínio sobre os reis vencidos.

A visão dada a Daniel (8.1)

O texto literalmente diz: *"apareceu-me, a mim, Daniel"*. Daniel estava, de fato, distinguindo as visões dadas a Nabucodonosor nas quais ele foi apenas o intérprete das visões pessoais que Deus lhe deu. O caráter das visões concedidas a Daniel era moral e espiritual, enquanto que, as visões dadas a um rei pagão tinha um caráter material e político. Sonhos e visões são vias pelas quais Deus revela a sua vontade, mas não são únicas maneiras de Deus falar.

A data da visão (8.1)

Não há uma data certa, mas aproximada, quando os estudiosos entendem que o ano primeiro seja 541 a.C., e o ano terceiro teria que ser 539 a.C., que foi o ano da tomada da Babilônia pelos medos e persas. O texto indica que Daniel estava em Susã, capital da província de Elão.

O local da visão (8.2)

O texto declara que Daniel se viu junto ao rio Ulai: *"vi, pois, na visão, que eu estava junto ao rio Ulai"*. Alguns comentaristas seguem a ideia de Leon Wood que entende que Daniel não esteve fisicamente em Susã, mas que foi transportado em espírito junto ao rio Ulai para ter essa visão. Não há necessidade de discutir se esteve realmente em Susã ou não. O que importa é que Deus estava dando a Daniel uma visão que retratava ascensão e queda dos dois impérios que aparecem na visão como o carneiro e como o bode. Posteriormente, esse rio mudou seu curso e se dividiu em dois outros rios, identificados como os rios Karon e Kerkah.

II - A VISÃO DE DOIS ANIMAIS — O CARNEIRO E O BODE

Deus, em sua infinita sabedoria, utiliza elementos da cultura que prevalecia nos dias de Daniel, mesmo que ele não precisasse de figuras mitológicas para entender as verdades divinas. Deus utiliza as figuras mitológicas do mundo animal para dar a Daniel uma visão ampla sobre dois impérios que viriam e que fariam parte da estratégia divina para revelar a Israel a soberania de Deus sobre todas as nações.

A visão do Carneiro (Dn 8.3,4,20)

Na visão, Daniel estava diante do rio Ulai e, de repente, surge na visão um carneiro doméstico, mas que era audacioso e estava "diante do rio". O carneiro era forte e tinha dois chifres, um maior que o outro. Esse carneiro simbolizava o Império Medo-persa que era o símbolo da aliança imperial dos medos e dos persas (Dn 8.20).

Os dois chifres *"o qual tinha duas pontas; e as duas pontas eram altas, mas uma era mais alta do que a outra"* (8.3). Na versão ARC, a expressão fala de duas pontas que são traduzidas em outras versões como *dois chifres*. Portanto, *os dois chifres* do carneiro são os dois reis da Média e da Pérsia. Segundo os historiadores, no caso dos persas, os seus reis sempre levavam como emblema uma cabeça de carneiro em ouro sobre a cabeça deles, principalmente quando passavam em revista os seus exércitos. De acordo com a história, a princípio, *os medos* haviam prevalecido na guerra contra a Babilônia e teve *Dario* como o primeiro governante daquela união entre a Média e a Pérsia. Porém, logo os persas prevaleceram em força e *Ciro* tornou-se o rei do império. *O carneiro, com seus dois chifres,* representado pela união *da Média e da Pérsia,* identificado como o Império *Medo-persa* venceu e derrotou o Império Babilônico quando Belsazar estava no poder. No mesmo dia em que Belsazar zombou dos vasos sagrados da Casa de Deus trazidos do Templo de Jerusalém. Nota-se que há uma repetição do predito na visão do capítulo 7 sobre o segundo e o terceiro impérios, porém, Deus, com uma maneira especial de aclarar a mente de Daniel mostrou a ele o que estaria fazendo no futuro desses impérios e com o próprio povo de Israel. *Os dois chifres do carneiro* são destacados, tendo um dos chifres maior que o outro. O chifre maior (*"o mais alto")* representava Ciro, o persa (8.3) e o chifre menor representava Dario, da Média.

Marradas do Carneiro. *"vi que o carneiro dava marradas para o ocidente e para o norte, e para o meio dia"* (8.4) – São três direções audaciosas do carneiro dando marradas, isto é, dando coices com violência para se sobrepor. Interpretando o termo "marrada", no contexto dessa visão, Daniel percebe que o carneiro com seus dois chifres, representado pelo Império Medo-persa, quando batalhou contra Nabonido, pai de Belsazar, da Babilônia, foi um animal violento e dominador. Suas marradas foram fortes e capazes de suplantar a força militar da Babilônia. As três direções das marradas do carneiro abrangia todos aqueles países adjacentes que envolviam a Babilônia, Lídia e o Egito, Palestina e outros mais das cercanias do Oriente Médio. Estas três regiões lembram e se comparam literalmente à figura das "três costelas" na boca do urso que Daniel viu em sua visão no capítulo 7.5. As duas visões tratam das mesmas conquistas dos medos e persas. No capítulo 7, os medos-persas são representados pelo urso e no capítulo 8.4, eles são representados pelo carneiro. O que Deus queria mostrar a Daniel diferia apenas quanto aos aspectos político do mundo de então e os aspectos moral e espiritual que envolveria esse Império.

(8.4) A força do Carneiro — *"e nenhuns animais podiam estar diante dele, nem havia quem pudesse livrar-se da sua mão"*.

Na cultura persa, a figura do carneiro era muito popular. Esse animal é sempre referido ao macho das ovelhas. Simboliza força e bravura na defesa da sua família. Seus chifres são símbolos do poder de domínio e autoridade do carneiro para defender seu rebanho. O símbolo mais importante dos medos-persas era a cabeça de ouro de um carneiro que fazia parte da coroa real, do peitoral de bronze dos guerreiros nas grandes batalhas. Na cronologia histórica, Ciro sucedeu a Dario. Eventos importantes aconteceram no período desses dois reis até que *o carneiro* é vencido e, surge na visão de Daniel a figura de *um bode* que ataca o carneiro e o vence (8.5-7).

A visão do bode

"eis que um bode vinha do ocidente sobre a terra, mas sem tocar no chão" (8.5). A figura do bode, na mitologia do mundo de então tsignificava poder, força e ousadia. Velocidade e mobilidade são caraterísticas desse animal que lembram a cabra montês que salta em montanhas de pedra com firmeza e sem resvalar. O bode é um animal que vive em regiões rochosas e inóspitas. O texto diz que "o bode" tinha uma velocidade que nem "tocava o chão". Está se referindo a Alexandre, filho de Felipe da Macedônia, que surgiu com força incrível e com grande mobilidade para conquistar o mundo, a partir da conquista do Império Medo-persa que não se conteve diante dele. Quando surgiu o bode no espaço que o carneiro dominava, lançou-se contra o carneiro com muita força e domínio, ferindo-o e quebrando, de imediato, os dois chifres. O poder de Dario e Ciro caiu e foi usurpado pelo poder simbólico do bode que representava o Império Grego.

"vinha do ocidente sobre toda a terra" (8.5). Esse *bode* vinha do Ocidente com tanta velocidade e força que os seus pés não tocavam o chão. Na realidade, o ocidente é chamado "o poente" da Média e da Pérsia. Em 334 a.C., Alexandre, cruzou um famoso estreito entre os mares Negro e Egeu e com a força militar que tinha foi avançando até o Oriente e derrotou os exércitos dos medos e persas. Por uns dois ou três anos seguintes, Alexandre, definitivamente conquistou o Império Medo-persa por volta de 331 a.C.

III – IDENTIFICAÇÃO DO CHIFRE NOTÁVEL (Dn 8.5-9)

"aquele bode tinha uma ponta notável entre os olhos" (8.5). Ele tinha um chifre no meio de sua testa. Era o Império Grego através de Alexandre, o Grande, que, com seus exércitos, suplantavam tudo e agiam com muita rapidez. O carneiro foi totalmente humilhado. Seus dois chifres foram quebrados e o carneiro foi pisoteado sem compaixão pelo bode. Foi uma profecia de completa sujeição e derrota do Império Medo-persa pelos gregos. Daniel vê em sua visão que *"o bode"* vinha do Ocidente com muita força e rapidez e representava o novo Império, o Grego.

Quem era a *"ponta notável"*? (8.5)

Daniel vê em sua visão que o bode tinha *"uma ponta notável"*, isto é, o bode tinha *"um chifre no meio dos olhos"* que chamava a atenção e, histórica e profeticamente estava se referindo ao líder mundial que ficou conhecido como, Alexandre, o Grande. Sob seu comando, representado pelo bode, quando deparou-se com o carneiro, quebrou os dois chifres do carneiro (Média e Pérsia). Na visão de Daniel, o bode demonstrou ter uma força superior ao do carneiro. Esse bode era, não só constituído de força e violência, mas tinha uma mobilidade ímpar. Esse "chifre notável" tornou-se, portanto, o grande conquistador por um espaço curto de tempo. Ele, Alexandre, era filho de Felipe da Macedonia, o qual fora educado aos pés do grande sábio grego Aristóteles. Ele nasceu na Macedônia em 356 a.C. Era de uma inteligência avançada para o seu tempo. Quando tornou-se o grande comandante das milícias gregas, a começar pela Macedônia, Alexandre demonstrava perspicácia e tenacidade ante os seus liderados. Ele era capaz de convencer seus liderados, generais e soldados, a superarem suas forças para conquistarem terras e mais terras.

(8.6,7) A violência do bode unicórnio. Era um animal unicórnio por causa do "chifre notável" que tinha sobre a fronte. O texto diz que esse bode investiu com todas as forças sobre o carneiro e quebrou, de imediato, os dois chifres do carneiro. Ciro e Dario foram quebrados, e a união da Média e da Pérsia foi suprimida pela força desse bode, ou seja, o Império Grego que sucedeu ao medo-persa.

O chifre notável é quebrado repentinamente - *"mas, estando na sua maior força, aquela grande ponta foi quebrada"*(8.8) – Quando Alexandre gozava do maior prestígio que um grande rei podia experimentar, no auge de sua glória militar e política, o jovem conquistador perdeu a vida de modo misterioso no ano 323 a.C. A profecia que Deus deu a Daniel uns 200 anos antes se cumpriu cabalmente na vida de Alexandre, o Grande.

IV – A DIVISÃO DO IMPÉRIO GREGO EM QUATRO PARTES

"e subiram no seu lugar quatro também notáveis, para os quatro ventos do céu" (8.8). O cenário muda completamente com a morte de

Alexandre, o Grande. Seus quatro principais generais de guerra surgem como "quatro pontas notáveis no lugar da "ponta (chifre) notável". Esses quatro chifres menores, porém, notáveis, representam os quatro generais que assumiram o Império Grego depois da morte de Alexandre, o Grande. Os quatro chifres que surgem em lugar do chifre notável são representados pelas quatro cabeças do leopardo de Daniel 7.6. Como já tratamos no capítulo 7 da identificação dessas quatro divisões do Império Grego, apenas as citamos pelos generais Cassandro, Lisímaco, Seleuco e Ptolomeu, aproximadamente no ano 301 a.C.

Surge mais uma ponta pequena no cenário profético — *"E de uma delas saiu uma ponta (chifre) mui pequena, a qual cresceu..."* (8.9). Não devemos confundir esse "chifre pequeno" com o chifre pequeno de Daniel 7.8, 20,21, 24,26. Note que "o chifre pequeno" da Daniel 7.8 surgiu entre os 10 chifres do "animal terrível e espantoso" que se refere ao Império Romano. Porém, na visão de Daniel no capítulo 8, "o chifre pequeno" surge de um dos quatro chifres do bode, e diz respeito a um líder cruel da família de Seleuco, da Síria. Esse personagem é identificado, histórica e profeticamente, como Antíoco Epifânio.

Na visão, Daniel o vê surgir como *"uma ponta mui pequena"*. Porém, esta "ponta pequena" cresceu muito, especialmente direcionada para a *"terra formosa"* que se tratava de Israel. Antíoco Epifânio, da família dos selêucidas ficou conhecido como Antíoco IV e tornou-se um opressor terrível contra Israel. Ele surgiu da partilha do império de Alexandre e a ele coube o domínio da Síria, Ásia Menor e Babilônia, cuja capital era Antioquia.

Outrossim, esse *"chifre pequeno"* de Dn 8.9 não pode ser confundido, também, com a "ponta pequena" de Dn 8.5 que refere-se a Alexandre, o Grande. Já dissemos que "a ponta pequena" do animal terrível e espantoso de Dn 7.8 não é a mesma do capítulo 8.5,9. Porém, no texto de Dn 8.9 essa "ponta pequena" de Dn 8.9, refere-se a esse personagem identificado como Antíoco Epifânio, (175 a 167 a.C.). Ele causou tantos males e destruições na "terra formosa"(Dn 8.9) que pode ser um tipo do futuro Anticristo, ou a Besta de Ap 13.2. Ele quis exterminar com o povo judeu e sua religião, chegando ao ponto de proibir o culto dos judeus a Jeová.

A ultrajante atividade desse Rei contra Israel (Dn 8.10-14)

Os versículos 10 e 11 falam das ações ultrajantes do "pequeno chifre" contra o povo de Deus, profanando o santuário de Israel e tentando acabar com o "sacrifício contínuo" que Israel praticava ao Senhor. Ele teve a audácia de profanar o santuário sacrificando um porco, animal imundo, para a liturgia judaica, além de assassinar mais de cem mil pessoas de Israel. Nos desígnios divinos, Israel estava esquecido por Deus, mas tudo isto fazia parte dos juízos contra as prevaricações de Israel. A seu tempo, Deus restauraria essa situação. Cada situação obedecia a um tempo predeterminado, quando Israel experimentaria, não só o juízo divino mas também a sua misericórdia, conforme declara a sua palavra que "as misericórdias do Senhor são a causa de não sermos consumidos"(Lm 3.22).

"e ouvi um santo que falava" (8.13). É interessante que Daniel notou que dois seres angelicais teceram um diálogo entre si. No Antigo Testamento, a atividade dos anjos de Deus era mais forte para comunicar a mensagem de Deus aos seus servos. Alguns comentadores, entendem que poderia ser, um deles, o anjo Gabriel, o mesmo que apareceu a Daniel junto ao rio Ulai (Dn 8.16). O outro anjo que conversava não é identificado por um nome, mas, do ponto de vista da angelologia, é perfeitamente aceitável. No diálogo entre os dois seres angelicais, um deles pergunta: *"Até quando durará a visão do contínuo sacrifício e da transgressão assoladora"?* Esse sacrilégio contra o Templo de Israel se cumpriu através desse profano Antíoco Epifânio. Sem dúvida, seu personagem profético lembra a blasfêmia do pequeno chifre de Daniel 7.8,24,25; 9.27; 11.36-45 e 12.11. Todas essas referências proféticas indicam o que vai acontecer no futuro, no período da Grande Tribulação, provocada pelo Anticristo.

O tempo de sofrimento de Israel — *"Ele me disse: Até duas mil e trezentas tardes e manhãs; e o santuário será purificado"* (8.14). O tempo de sofrimento de Israel é revelado a Daniel com linguagem especial ao estabelecer um tempo de "2.300 tardes e manhãs " que, literalmente, referem-se às atrocidades de Antíoco Epifânio num período de 171 a 165 a.C. No versículo 14 o Senhor revela que, depois daquele período de sofrimento, Ele haveria de purificar o santuário. Essa promessa implica na limpeza da profanação imposta por esse líder cruel contra a Casa de Deus. Os judeus até hoje fazem a celebração da purificação, ou seja, a Festa de *Hannakah*, que lembra a festa da purificação.

V – ANTÍOCO EPIFÂNIO, O PROTÓTIPO DO ANTICRISTO

A visão do anjo Gabriel (Dn 8.15-18)

"E havendo eu, Daniel, visto a visão, busquei entende-la" (8.15). Essa atitude de Daniel nos estimula a estudar a profecia com cuidado e desvelo. Buscar entender uma escritura bíblica requer de quem a deseja, dedicação e respeito ao que o texto quer dizer. Não dá direito de interpretação aleatória, ou seja, interpretação especulativa.

"se me apresentou diante uma como semelhança de homem" (8.15). O contexto bíblico não deixa dúvidas de que se tratava de um ser angelical que tomou a forma de um homem para falar com Daniel. Os anjos são seres espirituais sem forma qualquer. Por isso, eles podem tomar a forma que for necessária para comunicar a Palavra de Deus. Subtende-se, mais uma vez, que podia tratar-se do anjo Gabriel que se manifesta numa forma humana, a de um homem. Ele se comunica com Daniel e o trata por "filho do homem". Não devemos confundir essa aparência angelical com uma teofania (manifestação da divindade em forma humana). Neste caso em especial se trata apenas de um ser angelical com forma de homem, para poder comunicar racionalmente com Daniel. O anjo Gabriel comunicou de forma objetiva ao explicar toda a visão que Daniel tivera, distinguindo aspectos históricos e aspectos escatológicos. Ele anuncia a Daniel que a visão se cumpriria no *"tempo do fim"* (8.19).

Antíoco é o protótipo do Anticristo

A expressão *"tempo do fim"* se refere a uma época escatológica, isto é, aponta para um tempo futuro. Do mesmo modo como a profecia dizia respeito aos impérios medo-persa e o grego que já passaram (8.20-23), também, esta mensagem tem uma dupla referência profética. Se Antíoco Epifânio, demonstrou caraterísticas de crueldade e destruição contra Israel, no futuro, surgirá outro governante mundial, que promoverá grandes males ao povo de Israel e ao mundo, até que Jesus Cristo, em sua vinda pessoal, desça para desfazer o poder desse personagem, o Anticristo.

A visão dada a Daniel concentrou-se essencialmente no personagem de Antíoco Epifânio, porque na mente de Deus, a visão apontava, também, para outro personagem que haveria surgir no futuro com as mesmas caraterísticas de Antíoco Epifânio, e chamaria "homem do pecado", "Anticristo", "a Besta"(2 Ts 2.9; Ap 13.2,3). Esse personagem escatológico aparecerá tão somente no período da Grande Tribulação quando a Igreja não mais estará na terra, porque, antes que o Anticristo apareça, a igreja de Cristo será arrebatada (1 Co 15.51,52).

"E eu, Daniel, enfraqueci e estive enfermo alguns dias" (8.27). Quando Daniel teve essa visão já tinha quase 90 anos de idade. Naturalmente, sua estrutura física e emocional estava enfraquecida. A magnitude da visão foi tal que Daniel não teve mais forças para suportar tudo aquilo que Deus estava lhe mostrando. Naturalmente, toda aquela visão requereu dele, um estado de êxtase espiritual que, quando voltou ao normal, não tinha forças para ficar em pé. O mesmo aconteceu com João, na Ilha de Patmos.

Nos versículos 26,27 a visão ganha importância porque a ninguém mais foi revelado o futuro como a Daniel.

Capítulo 11

As Setenta Semanas

"As revelações de Deus são dadas apenas a quem reconhece a soberania de Deus e a Ele se submete em oração"
Dn 9.1-27

O capítulo 9 é, indiscutivelmente, a profecia mais importante do livro de Daniel. Neste capítulo a profecia ganha um sentido histórico especial e ao mesmo tempo escatológico, tanto em relação a Israel, quanto em relação ao mundo. Diferentemente dos capítulos anteriores, esta revelação não se preocupa com os poderes mundiais, mas trata de uma revelação especial sobre o futuro de Israel que afeta, indiscutivelmente, todo o mundo. Nos capítulos anteriores, tais como os capítulos 2,4, 7 e 8, se percebe que Deus utilizou figuras diferentes do mundo mineral (metais), bem como, figuras do mundo animal para ilustrar os acontecimentos futuros do mundo. Na realidade, Deus usa elementos neutros como os metais (ouro, prata, cobre, ferro e barro), e elementos do mundo animal, para tratar de aspectos políticos, morais e espirituais. Todos esses capítulos tem uma relação especial com Israel que é o alvo da profecia.

No capítulo 9, Deus revela a Daniel fatos futuros do povo de Israel utilizando número de semanas, dias e anos. Esses números ganham uma linguagem especial na sua interpretação em relação ao povo de Israel. Daniel, ao rever o livro do profeta Jeremias descobriu uma profecia literal que estava chegando ao seu cumprimento. O período de 70 anos predito para um tempo de escravidão e exílio do povo judeu em terras estrangeiras estava chegando ao fim. Porém,

Deus toma esta circunstância histórica para revelar outra verdade futura acerca do seu povo. Seria outro período de 70 semanas de anos totalizando 490 anos literais, sob o qual Israel experimentaria a força da soberania de Deus sobre Israel que afetaria o mundo inteiro. Depois da visão estarrecedora dos capítulos 7 e 8, quando Daniel visualiza espiritualmente o futuro com *"um rei feroz de semblante"* que prefigura numa perspectiva escatológica o futuro Anticristo, ou seja, *"o homem do pecado"*, Daniel enfraqueceu física e emocionalmente e lhe restou, tão somente, orar e buscar o socorro de Deus.

I – DANIEL ORA A DEUS PELO SEU POVO

Daniel examina o tempo da profecia de Jeremias (9.1-4)

"No ano primeiro de Dario, filho de Assuero, da nação dos medos" (9.1). Em 539 a.C., Daniel já tinha mais de 80 anos de idade. Era um ancião respeitado por mais de 60 anos em reinos anteriores, mas ainda exercia atividades políticas sob o domínio de Dario. Dario era filho de Assuero, rei conhecido pelo nome que não pode ser confundido com o rei Assuero da história de Ester (Et 1.1). Entretanto, o rei Dario de Dn 5.31; 6.1 e 9.1 é a mesma pessoa, a quem Ciro da Pérsia o designou para ser o rei da Babilônia. É interessante notar que o rei Dario de 9.1 é o que veio a ser rei sobre o reino dos caldeus (Babilônia).

(9.2) Daniel entende que o número de anos da profecia de Jeremias havia chegado. Ele disse: *"entendi pelos livros que o número de anos, de que falou o Senhor ao profeta Jeremias"*. Consultando a profecia, Daniel descobre o que Deus disse ao profeta Jeremias: *"quando se cumprirem os setenta anos, castigarei a iniquidade do rei da Babilônia"* (Jr 25.11,12). Uma vez que a punição já havia acontecido contra a Babilônia, Daniel entendeu que o momento de cessarem as assolações de Jerusalém havia chegado. Ele descobre que a profecia que o tempo dos 70 anos de cativeiro estava chegando ao fim. *"Setenta anos"* era o tempo da indignação divina contra Jerusalém e as cidades de Judá conforme falou Zacarias 1.12, que disse: *"Então o anjo do Senhor respondeu e disse: Ó Senhor dos Exércitos, até quando não terás compaixão de Jerusalém e das cidades de Judá, contra as quais estiveste irado estes setenta anos?"* Outra profecia está descrita em 2 Cr 36.21 que diz: *"para que se cumprisse a palavra do Senhor, pela boca de Jeremias, até que a terra se agradasse dos seus sábados; todos os dias da desolação repousou, até que os setenta anos se cumpriram"*. No texto de Daniel 9.2, o servo de Deus orou com todas as suas forças pedindo a Deus que cumprisse a promessa da sua graça sobre Israel, restaurando o seu reino e a sua cidade.

Daniel ora objetivamente a Deus: *"e eu dirigi o meu rosto ao Senhor"* (9.3). Daniel demonstrou que a oração precisa ter ousadia e temor de Deus no coração. Ele dirigiu seu rosto ao Senhor, isto é, ele não usou de subterfúgios para falar com Deus, mas expôs sua face para se apresentar ao Senhor. A oração foi o meio providencial para que se cumprisse o que já estava determinado por Deus (Is 42.24,25; 43.14,15; 48.9-11; Jr 49.17-20; 50.4,5,20).

Daniel orou e intercedeu pelo seu povo. *"E orei ao Senhor, meu Deus, e confessei..."* (9.4-6). Daniel teve a humildade de confessar o pecado do seu povo incluindo ele mesmo. Ele não viu apenas a culpa da sua gente, mas a sua também. Ele usa a expressão: *"pecamos cometemos iniquidade"* (9.5). A despeito de ser homem íntegro, não foi presunçoso diante da justiça de Deus. mas colocou-se debaixo da mesma culpa pedindo perdão a Deus. Daniel teve uma atitude de intercessão que dominou seu coração diante de Deus. Essa atitude em favor do seu povo foi demonstrada com total humildade. Ele estava convencido da soberania de Deus e seu poder para manifestar o seu perdão, mas acima de tudo, para cumprir a sua palavra. Daniel sabia que não podia adiantar nem atrasar o cumprimento dos desígnios divinos para com Israel. Ele preferia colocar-se diante de Deus como alguém que sabia da incapacidade do seu povo para entender que a disciplina do Senhor estava se cumprindo, mas que havia algo futuro que ainda se cumpriria na história de Israel. Daniel depois de haver expressado seu reconhecimento da grandeza de Deus, se volta para si mesmo e para seu povo, se identificando com os pecados de Israel (Dn 9.5,6).

Daniel reconheceu a justiça de Deus (9.7)

"A ti, Senhor, pertence a justiça" (9.7). Esta é uma declaração teológica que dá sustentação à nossa fé. Em relação aos homens, toda

justiça é relativa, porque nossas justiças são como trapos de imundícia. Porém, em relação à natureza divina, a justiça de Deus faz parte da sua essência, isto é, a justiça "é a maneira ou modo pela qual sua essência é expressa para com o mundo". A santidade é sua essência, por isso, a justiça é a retidão da natureza divina que o revela como um Deus justo. Deus sendo Deus, ele é o que ele é, e não precisa ser nem se esforçar. Quando Daniel confessa e declara que a "justiça pertence a Deus"está, de fato, proclamando a perfeição dessas qualidades morais como intrínsecas a Deus. No caso da oração de confissão de Daniel sobre o seu povo, mesmo que não pudesse entender totalmente a manifestação da justiça de Deus contra sua gente permitindo sua humilhação e extradição, Daniel sabia que a justiça de Deus é perfeita. Ele mesmo diz: "A ti, Senhor, pertence a justiça"(9.7).

"mas a nós, a confusão de rosto" (9.7). Ora, o que isto quer significar? "Confusão de rosto" significa "corar de vergonha", ficar com a cara vermelha de vergonha. Por quê? Por causa dos pecados enumerados por Daniel e que estavam na sua memória, tanto para as tribos do norte como as tribos do sul. Todo o Israel, por causa dos seus pecados foi deportado para fora de sua terra. Porque "a confusão de rosto"? Na oração, Daniel é específico e diz: *"Porque pecados contra Ti"* (9.8). O pecado de Israel em toda a sua dimensão de prevaricação, desobediência, impiedade, e toda sorte de pecados que afastou Israel dos mandamentos divinos, provocou a manifestação da justiça de Deus.

"A solução para o pecado". *"Ao Senhor, nosso Deus, pertence a misericórdia e o perdão"*(9.9,10). Esta declaração enfática do profeta revela que a justiça de Deus manifesta-se em ações de misericórdia e perdão. Jeremias contribui com este conceito, quando diz: *"As misericórdias do Senhor são a causa de não sermos consumidos; porque as suas misericórdias não têm fim"*(Lm 3.22). Subtende-se por estes versículos que Israel não tinha nada que pudesse evitar a punição divina, senão a misericórdia e o perdão, que são manifestações do caráter de Deus. Não há nada que justifique Israel dos seus pecados e Daniel sabia disso. Então, apelou ao caráter de Deus para perdoar e restaurar o seu povo.

(9.11-14) "Daniel reconhece a soberania de Deus sobre todas as coisas. No versículo 7, Daniel vê a Deus como Deus justo em sua natureza divina, e no versículo 9, ele o vê como alguém que sabe perdoar e usar de misericórdia. Nos versículos 10-14, Daniel mostra os pecados do seu povo e declara que a maldição por isso, trouxe o exílio, a opressão, a perda de sua terra, a exploração estrangeira e, permitindo tudo isso, Deus estava ensinando Israel a manter a sua fidelidade para com Ele.

(9.15-19) Daniel intercede pelo seu povo e relembra a libertação milagrosa do Egito (v. 15).No versículo 16, ele ora e intercede pela sua cidade de Jerusalém que ficou sob o domínio dos inimigos estrangeiros. No versículo 17, Daniel ora pela restauração do Templo de Jerusalém, que foi destruído por Nabucodonosor no ano 586 a.C. Esses versículos revelam a oração de Daniel que se apresenta diante de Deus sem apelar para própria justiça, mas amparado nas "muitas misericórdias" de Deus. No versículo 19, Daniel pede a Deus "que não tarde em responder" a sua oração. Esse pedido é típico do homem em relação a Deus. Sempre temos pressa em nossa angústia e desejamos respostas imediatas. Mas Deus não tarda nem se atrasa em suas respostas. Ele é Deus Soberano e absoluto sobre todas as coisas.

A resposta de Deus a Daniel (9.20)

"Estando eu ainda falando, e orando..."(9.20). No versículo 19, Daniel orava a Deus e pedia urgência na resposta à sua oração. No tempo de Deus, a resposta cabia perfeitamente no canal de resposta divina. Daniel ainda estava orando quando a resposta de Deus chegou até ele, para sua surpresa e alegria (v. 20). Mais uma vez a intervenção e resposta vêm através de um anjo de Deus. Os anjos sempre tiveram uma participação ativa delegada por Deus na resposta às orações dos seus servos na terra. A resposta divina foi imediata e veio por intermédio do mesmo anjo que esteve com ele na visão junto ao rio Ulai (8.1,2). Esse anjo volta para revelar coisas mais sublimes e sérias acerca da intervenção divina na vida de Daniel (9.20,21). Gabriel veio para instruir e aclarar a visão na mente de Daniel afirmando-lhe que a resposta da sua oração estava vindo porque "era muito amado" do Senhor (9.23).

O texto diz que o anjo *"veio voando rapidamente"* (9.21). Quem pode imaginar a rapidez de locomoção dos anjos? Nada e ninguém! Ainda que eles não possam estar em dois lugares ao mesmo, porque não são onipresentes, eles possuem um poder de locomoção incalculável, uma vez que as leis de gravidade e da física não podem retê-los nem podem envolvê-los. Segundo a Bíblia, eles voam como a rapidez de um relâmpago (Mt 28.3). Gabriel é um anjo que exerce uma atividade especial delegada por Deus, especialmente, o vemos sempre comunicando a vontade divina para os servos de Deus na terra.

(9.22,23) O comunicado da resposta a Daniel. *"No princípio das tuas súplicas, saiu a ordem"*(v. 23). O anjo Gabriel assegurou a Daniel que Deus ouvira a sua oração desde o momento em que ele começou a orar, porque ele gozava da intimidade e do amor de Deus de um modo especial, a ponto de comunicar a Daniel o seguinte: *"eu vim para to declarar, porque és muito amado"*. Sem dúvida, Daniel pode ser comparado a outros homens na Biblia que gozavam do amor, da amizade e da intimidade de Deus, tais como: Enoque (Gn 5.22); Abraão, o amigo de Deus (2 Cr 20.7; Is 41.8); Paulo, o apóstolo dos gentios (At 9.15) e, por último, Daniel, o qual era muito amado por Deus. Jesus, na realidade, era "o Filho amado de Deus"(Mt 3.17). Esse privilégio não discrimina ninguém. Apenas requer a mesma atitude de devoção para com Deus à semelhança desses exemplos.

II – DEUS REVELA A DANIEL, PELA ORAÇÃO O FUTURO DO SEU POVO

A revelação das setenta semanas (9.24)

"setenta semanas estão determinadas..." (9.24). A profecia ganha um sentido especial, porque depois que Daniel descobriu que o profeta Jeremias, seu contemporâneo, havia profetizado que o exílio de Israel duraria setenta anos, ele entendeu que esse número tinha um significado especial (Jr 25.11-13; 19.10). Não se tratava de um tempo aleatório, mas, de fato, significava um tempo especial de anos que envolveria o seu povo Israel. O número *setenta*, então, ganha um sentido escatológico, para significar, na linguagem bíblica, cada dia

da semana significando um ano, e assim, cada semana pode referir-se a um período de sete anos. Portanto, as setenta semanas compreendem, a 70 x 7 = 490 anos. A contagem dessas setenta semanas teria o seu início a partir do decreto de Artaxerxes (445 a.C.). No versículo 24 está escrito que estas semanas "estão determinadas" por Deus.

A profecia divide as "setenta semanas" em três períodos distintos. *O primeiro período* de "sete semanas", é equivalente a 49 anos, ou seja, sete períodos de sete anos. *O segundo período* seria de sessenta e duas semanas. Subtende-se que se trata de 62 x 7= 434 anos. Essas sessenta e duas semanas, somadas às sete primeiras semanas, chegariam ao tempo da restauração de Jerusalém até a vinda do Messias. *O terceiro período* implica em "uma semana", ou seja, sete anos, quando haverá uma invasão do Anticristo e se iniciará um tempo de tribulação para Israel. É o período denominado como "o da grande tribulação"(9.27).

Revelados três príncipes mencionados na profecia (9. 25,26)

O anjo Gabriel explica os elementos especiais da visão para melhor entendimento de Daniel.

O primeiro príncipe é chamado Messias (9.25) e o segundo príncipe é aquele que aparecerá posteriormente e destruirá a cidade de Jerusalém e o santuário (9.26). O príncipe Ungido (Messias) aparecerá depois de cumpridas as 69 semanas, e se trata de Jesus Cristo, o qual foi rejeitado pelos judeus, condenado e morto no calvário. Jesus é o Ungido de Deus, o qual veio para que se cumprisse a pena capital contra o pecado condenatório. Seu papel foi o de *"fazer cessar a transgressão, dar fim aos pecados e expiar a iniquidade"*(9.26).

O segundo príncipe tem um caráter físico referindo-se "ao príncipe que há de vir"(9.26) e refere-se, especificamente, a Tito, o príncipe romano, filho do Imperador Vespasiano, enviado para destruir Jerusalém e o templo ("o santuário"). Tito, com suas milícias romanas entrou em Jerusalém no ano 70 d.C. e destruiu tudo, profanando o santuário de Israel e desterrando totalmente ao povo judeu. A partir dessa destruição, os judeus deixaram de ser um povo estabelecido como nação, espalhando-se pelo mundo inteiro. Jesus profetizou e chorou sobre a cidade de Jerusalém e a sua destruição (Lc 19.41-44; 21.20-24).

O terceiro príncipe surgirá no futuro na última semana profetizada (9.27). Esse príncipe não é o Messias *"cortado"* (9.26), mas subtende-se que se trata de um personagem mais forte que Antíoco Epifânio e, também, Tito. Está implícito na frase "o príncipe que há de vir" uma interpretação que obedece a lei de dupla referência, porque inevitavelmente, aponta para o futuro. Esse príncipe é mencionado em Dn 8.23 como "o rei feroz de cara" (ou, o rei feroz de semblante" que o apóstolo Paulo o chama de "homem do pecado" e "filho da perdição"(2 Ts 2.1-8). O apóstolo João o chama de "o anticristo"(1 Jo 2.18). Esse príncipe surgirá na "última semana"da profecia de Daniel e diz que ele "destruirá a cidade e o santuário"

A revelação do tríplice período das 70 semanas (9.25-27)

O primeiro período contém "sete semanas" equivalentes a 49 anos literais, que começaram ainda no reino de Artaxerxes, no mês de Nisã (abril) de 445 a.C. O seu início deu-se a partir *"da saída da ordem para restaurar e para edificar a Jerusalém"* (9.25). Nesse período de 49 anos (sete semanas) foram reconstruídos os muros e a cidade de Jerusalém.

O segundo período contém "sessenta e duas semanas" equivalentes a 434 anos literais (9.25). Esse segundo período refere-se ao tempo do final da Antiga Aliança com Israel até a chegada do "Ungido", o Messias profetizado, revelado, porém ultrajado e rejeitado pelo seu povo, foi morto e foi cortado (9.26).

O terceiro período contém apenas "uma semana" equivalente à "sete anos" quando o 3º príncipe", identificado no Novo Testamento como "Anticristo" *"fará uma aliança com muitos por uma semana"* (9.27). Profeticamente, esta "última semana" complementa as "setenta semanas profetizadas". Entretanto, uma vez cumpridos os dois períodos de sessenta e nove semanas, resta, tão somente, a última semana. Independente das interpretações discordantes, o pensamento pré-tribulacionista, entende que esse período de "uma semana" chegará ao seu cumprimento após um intervalo profético entre a 69ª e 70ª semanas. Esse intervalo profético é identificado na Bíblia como "o tempo dos gentios" quando a união entre judeus e gentios formaria um novo povo, a igreja (Ef 2.12-16). Estamos vivendo esse tempo da igreja (1 Pe 2.9). Outrossim, esse período de "uma semana" é, também, identificado pelas profecias bíblicas como um tempo de "grande tribulação", especialmente, para o povo judeu. Nesse tempo virá "o assolador"(Anticristo), ou seja, "o homem do pecado", "o filho da perdição", o "anticristo" que virá sobre *"a asa das abominações"* (Dn 9.27).

A igreja de Cristo não entrará nessa fase das abominações praticadas pelo "homem do pecado", ainda que sintamos os sinais da sombra desse personagem, a igreja será, antes, arrebatada. Os que esperam entrar na primeira fase da Grande tribulação esquecem que só se justifica o arrebatamento da Igreja pelo fato de que ela não conhecerá o anticristo, nem experimentará a força do seu domínio no mundo (1 Co 15.51,52; 1 Ts 4.14-17).

III -O PROPÓSITO DA SEPTUAGÉSIMA SEMANA

O versículo 27 nos obriga a reconhecer que nem Antíoco Epifânio, nem Tito têm cumprido os terríveis presságios da declaração dessa escritura do v. 27. As ações realizadas neste versículo não correspondem ao personagem do versículo 26. Na realidade, a predição do versículo 27 remonta a uma época escatológica.

Revelar o "homem do pecado" (2 Ts 2.3)

A escritura começa com o pronome "ele" (v. 27). Quem? Que personagem será esse? O personagem é identificado, também, como "o rei de cara feroz"; "o chifre pequeno" que surge do "animal terrível e espantoso", representando o império romano. Do ressurgimento desse antigo império romano surgirá "o príncipe romano" (Dn 7.25). Esse personagem é, também, identificado na linguagem do Novo Testamento como "o anticristo" (1 Jo 2.18; 4.3) e como "a Besta que saiu do mar"(Ap 13.1). O personagem é apresentado numa linguagem figurada mas a sua existência será literal. Ele será um líder mundial que chamará a atenção das nações da terra pela inteligência que demonstrará na diplomacia e na astúcia política.

Revelar o tempo da Grande Tribulação

O texto diz que *"ele fará uma aliança com muitos por uma semana"* (9.27). Será, na verdade, uma aliança que Ele fará com Israel. O texto diz: "com muitos", indicando que ele não terá a unanimidade do apoio israelense, mas o suficiente para se impor com sua liderança política, que inicialmente alcançará sucesso e aceitação. Sua força política será notada e reconhecida no estabelecimento de um sistema político, alavancado e apoiado pelo velho mundo, a Europa, ou seja, o antigo império romano ressurgido. Os três primeiros anos e meio, a metade da semana, serão marcados pela quebra do pacto feito entre esse Líder e Israel, e se iniciará um grande período de sofrimento, perseguição e morte em Israel. Na interpretação pré-tribulacionista. A igreja já não estará na terra, porque antes, ela será arrebatada e estará com Cristo na sua glória nos céus . Portanto, a igreja não entrará na Grande Tribulação. Ela não estará na terra, quando o Anticristo fizer o acordo com Israel (Dn 9.27). A Tribulaçao diz respeito ao mundo de então e a Israel especialmente.

Revelar a vitória final na Segunda Vinda de Cristo

Jesus Cristo, o Messias prometido, se revelará de modo especial na sua vinda pessoal e visível sobre o Monte das Oliveiras (Zc 9.9,10). Ele virá e instalará um reino de paz e harmonia no mundo, desfazendo por completo o Anticristo, o falso profeta e ao próprio Diabo (Ap 19.19-21). Na Grande Tribulação, os juízos de Deus serão manifestos sobre Israel, mas na vinda pessoal, Israel será restaurado e governará com Cristo por mil anos (Ap 20.2,5).

CONCLUSÃO

Vivemos tempos de incredulidade quando muitos que se dizem teólogos negam as profecias e preferem alegorizar as revelações de Deus dadas aos seus servos. Entretanto, a igreja não pode se deixar levar pelo engano de falsos mestres que rejeitam as verdades futuras estabelecidas pelo Senhor.

Capítulo 12

O Homem Vestido de Linho

"E levantei os meus olhos, e olhei, e vi um homem vestido de linho, e os seus lombos, cingidos com ouro fino de Ufaz" (Dn 10.5)

Dn 10.1-21

O título desse capítulo desperta curiosidade porque apresenta uma figura que revela alguém singular, diferente de todas as figuras de linguagem que ilustra o próprio Deus e, que, de forma teofânica, indica a Pessoa de Jesus Cristo. Era, de fato, a revelação do Cristo pré-encarnado, que corresponde com a visão de Ezequiel (Ez 1.26) e depois, no Novo Testamento, com o Apocalipse de João (Ap 1.12-20). Em todo este capítulo, "o homem vestido de linho" é o personagem central das revelações feitas a Daniel.

Temos que considerar que os três últimos capítulos desse livro trazem a última visão e revelação que Daniel teve da parte de Deus. O capítulo 10 se constitui, de fato, numa preparação para a revelação que Deus queria dar a Daniel. O capítulo 11 apresenta a visão escatológica que destaca o futuro imediato de Israel em relação às nações. Nesta visão, Daniel lembra quando chegou como exilado político na Babilônia ainda bem jovem. Os anos se passaram, e agora nos capítulos 10,11 e 12, ele era um homem com mais de 85 anos de idade. Ele lembra o nome estrangeiro Belsazar que havia recebido da parte de Nabucodonosor e que tinha por objetivo apagar a memória do seu povo e do seu Deus. Mas Daniel, ao citá-lo em Dn 10.1, queria lembrar, também, que nada mudou na sua mente e coração em relação à sua fidelidade ao Deus de Israel. Ele provou que apesar do desterro de sua terra, nada havia mudado em relação à sua fé.

Fazendo uma digressão ao capítulo 9, Daniel sabia que o dedo de Deus dirige a história e o futuro do seu povo e nada o deteria de cumprir os seus desígnios para com o seu povo, mesmo que o mesmo tenha pecado contra o Senhor. Haviam passado os 70 anos preditos na profecia de Jeremias e, então, Deus envia o anjo Gabriel (Dn 9.21) para revelar esse futuro do seu povo. Foi uma revelação depois de muitas lágrimas e orações do profeta pelo seu povo. Daniel era um homem de lágrimas e Deus se agradava da sua humildade.

No capítulo 10, já era o terceiro ano do reinado de Ciro da Pérsia (534 a.C.), e Daniel, mesmo estando idoso, permaneceu no palácio sob a égide dos reis que sucederam Nabucodonosor. Assumiram o império Ciro, da Pérsia, e Dario, da Média. Constituindo, portanto, o Império Medo-persa. Entre 538 e 536 a.C., Ciro, o persa, concedeu um decreto que autorizava os judeus exilados na Babilônia a retornarem a Palestina, especialmente, em Jerusalém, para reedificarem o templo judeu. Porém, esse retorno aconteceu, de fato, a partir de 538 a.C. O edito real de Ciro emitido está registrado em Esdras nos capítulos 1 ao 6. Segundo a história, uma grande maioria de judeus havia aderido aos costumes estrangeiros e preferiu não voltar à sua terra, ficando na Babilônia. Porém, o sonho de Daniel era concretizado mediante sua pesquisa no livro do profeta Jeremias ao constatar que já haviam se passado os 70 anos profetizados de cativeiro. Mesmo assim, Daniel não desistiu de orar pelo seu povo e por sua cidade santa, Jerusalém. Daniel era um homem de oração. Neste capítulo algo diferente de todas as visões que tivera anteriormente acontece. Há uma manifestação teofânica quando o próprio Deus, prefigurativamente, na pessoa de Jesus Cristo, se apresenta a Daniel de uma forma ímpar e gloriosa. Há, também, no texto uma manifestação angelical em que anjos celestiais obedecem aos desígnios de Deus em favor dos seus servos na terra.

I – A SENSIBILIDADE ESPIRITUAL DE DANIEL (10.1-3)

Indiscutivelmente, Daniel é um dos modelos de vida devocional mais importante da Bíblia. Ele soube conciliar sua atividade palaciana com a sua vida devocional. No exilio, mesmo servindo a reis pagãos, Daniel não se descuidou de estar em oração, três vezes por dia. Ele não estava em Jerusalém para adorar ao Senhor no Templo, mas fazia do seu quarto de dormir o seu altar de adoração e serviço a Deus através da oração. Foi desse modo que ele teve as grandes revelações dos desígnios de Deus para o seu povo.

Daniel, um homem de revelações de Deus (10.1)

"foi revelada uma palavra a Daniel" (10.1). A palavra revelação significa, essencialmente, trazer à luz alguma coisa nova. A Daniel foi revelado coisas extraordinárias acerca do seu povo e acerca de coisas futuras, não apenas concernentes a Israel, mas abrangentes a todo o mundo, inclusive à igreja. Porém, nos capítulos 10, 11 e 12, toda a revelação fala de fatos que acontecerão "nos últimos dias". Daniel era um homem sensível à voz de Deus, comprometido com a verdade e que dizia apenas o que Deus ordenasse. Daniel não enfeitava a profecia. As figuras de linguagem utilizadas por Deus para ilustrar as revelações eram extremamente fiéis ao que Deus queria revelar.

(10.2) A tristeza de Daniel. *"Estive triste por três semanas completas"*. A tristeza que afligiu o coração de Daniel o fez decidir por orar e jejuar por 21 dias, abstendo-se de carnes e de vinho. As notícias negativas acerca do que estava acontecendo com seu povo e com a reconstrução do templo em Jerusalém o fez perceber que estava havendo confusão, oposição e má vontade da parte de muitos judeus em relação ao retorno para a sua cidade, o lugar do templo do Senhor em Jerusalém. Os samaritanos e palestinos que habitavam neste tempo em Jerusalém, começaram a criar obstáculos, principalmente, para a reconstrução do Templo. Os judeus haviam retornado para Jerusalém com o propósito de reconstruir o templo enfrentaram muita oposição, e Esdras confirmou esse fato, quando disse: *"Todavia o povo da terra (samaritanos e palestinos) debilitava as mãos do povo de Judá, e inquietava-os no edificar"* (Ed 4.4). Por causa dessa oposição ferrenha dos inimigos de Israel, agindo com falsidades e mentiras, e procurando desanimar o povo, tudo faziam para frustrar os propósitos da reconstrução do templo. Mais uma vez

Esdras registrou essa oposição e disse: *"E alugaram contra eles conselheiros, para frustrarem o seu plano, todos os dias de Ciro, rei da Pérsia"* (Ed 4.5). Além desses opositores, Daniel percebeu, também, que havia desinteresse de muitos exilados na Babilônia em voltar à sua terra, pois haviam se acomodado à vida exilada. A ordem de reconstrução e da volta do seu povo à Palestina já havia sido autorizada e, passados alguns anos, o povo não se animava de voltar à sua terra. Daniel ficou triste e se pôs a lamentar e chorar. Porém, ele não desistiu de interceder pela compaixão de Deus, o Deus de Israel. Ele percebeu que o povo havia se esquecido do Senhor e pouco se interessava em servi-lo, preferindo viver uma vida dissoluta e de acordo com os padrões da vida pagã. Ele sentia o peso desse fardo espiritual e se pôs a orar e jejuar diante de Deus por Israel (vv. 3,12).

Daniel, um homem de oração

Sem dúvida, Daniel é um grande exemplo da prática da oração. Durante toda a sua vida e, especialmente da juventude à velhice, o velho Daniel não deixou de orar. Era um homem determinado e consciente de suas limitações. Por três semanas consecutivas (21 dias) o velho Daniel não deixou de orar em favor do retorno do seu povo à sua terra. Ele nunca desistiu de clamar e pedir por esse retorno, porque sabia que o tempo de Deus não está preso às circunstâncias históricas. Ele não adianta nem atrasa. No tempo devido, seus desígnios são concretizados. Entretanto, Daniel, havia entendido que o plano de Deus para o seu povo não havia findado. Sua convicção era tão forte que não demorou muito para que Deus lhe desse outra grande revelação.

Daniel havia ficado triste por 21 dias por causa da profecia de Jeremias e havia nesta profecia a promessa de restauração do seu povo. Por isso, ele sentiu motivado, não apenas para lamentar, mas para orar suplicando que a promessa fosse realizada. Ele levou a sério esta necessidade de orar e orava como hábito cotidiano três vezes ao dia. Ele orava com seriedade, com reverência e com contrição, pois confessava o pecado do povo e esperava a misericórdia de Deus (Dn 9.3-15). No capítulo 10, Daniel é surpreendido pelo "homem vestido de linho" que lhe revela coisas maravilhosas.

II - A VISÃO DO HOMEM VESTIDO DE LINHO (10.4,5)

O tempo da resposta à oração de Daniel

"e no dia vinte e quatro do primeiro mês" (10.4). Esse era o mês de Nisan (março-abril) e Daniel cita esse dia para declarar que era o final das três semanas que ele esteve confinado em oração e jejum. Essa data envolvia os dias da celebração da Páscoa em Israel, que era o dia em que Deus havia tirado Israel da escravidão egípcia. Neste contexto de oração e jejum, Daniel se lembra da sua vida de juventude a setenta anos atrás quando, em Jerusalém, podia celebrar com alegria a Páscoa e, naquele momento que estava vivendo, estava fora da sua terra. Isso tudo o levou a um profundo sentimento de recordações e de oração pela restauração do seu povo.

O local da revelação divina a Daniel

"eu estava à borda do grande rio Hidéquel" (10.4). Na verdade, o rio Hidekel é o mesmo rio Tigre. É um rio que nasce nas montanhas da Armênia e atravessa a planície da Mesopotâmia, por mais de 1.800 kilometros e, depois se junta ao rio Eufrates desaguando no Golfo Pérsico. O rio Tigre (ou Hidekel), pela sua importância geográfica foi o local onde, literalmente, Deus deu a grande visão dos capítulos 10, 11 e 12 a Daniel. É interessante notar que Daniel não fora arrebatado em espírito para ver a grande visão, mas ele estava, literalmente naquele local *"à borda do rio"* acompanhado de alguns homens. Estes homens não viram a visão, apenas ficaram assustados com o ambiente e fugiram porque notaram que estava acontecendo algo extraordinário (10.7). A Daniel foi dada a visão e a mais ninguém. O texto do versículo 5 confirma, dizendo: *"E levantei os meus olhos, e olhei..."*

A aparição do homem vestido de linho

"e eis um homem vestido de linho" (10.5). Deus sempre utilizou figuras de linguagem que pudessem aclarar suas revelações. O "homem vestido de linho" que lhe aparecera era literal, ainda que de forma magnífica e angelical. Segundo alguns estudiosos, esse "homem" pode ser uma aparição teofânica do próprio Cristo, cuja des-

crição pode ser comparada a visão que João, o apóstolo, teve na Ilha de Patmos (Ap 1.13-16). Ora, uma teofania significa Deus manifestando-se, tomando formas distintas para falar com o homem. Na Bíblia, temos teofanias (manifestações de Deus) e temos angelofanias (manifestações angelicais). Geralmente, essas manifestações são com formas humanas. No caso da experiência de Daniel, quem poderia ser: um anjo ou o próprio Deus? Alguns exegetas não veem o "homem vestido de linho" como uma teofania, mas insistem em que o personagem é o de um ser angelical. Porém, o contexto bíblico fortalece a ideia de que seja, de fato, o próprio Deus manifestando-se de modo pessoal e visível como "um homem" a Daniel.

O que é uma teofania?

A palavra *teofania* deriva de duas outras palavras na língua grega: *teos e fanis* que significam respectivamente "Deus" e "aparecer" ou (manifestar). Entende-se, portanto, *teofania* como "uma forma visível da divindade". Crê-se que a aparição daquele ser angelical como "um homem vestido de linho" era uma teofania. O texto fortalece a ideia de que era Jesus, a segunda Pessoa da Trindade, pelas caraterísticas esplendorosas do personagem. A descrição desse personagem espiritual lembra a visão que o apóstolo João teve de Jesus quando estava na ilha de Patmos (Ap 1.13-16).

As caraterísticas do homem vestido de linho.

(10.5,6) A visão estrondosa e magnífica que Daniel teve do homem vestido de linho desafia os estudiosos da Bíblia em definir essa aparição. A pergunta que todos fazem é: Quem era aquele homem? Seria Gabriel, o embaixador de Deus em outras vezes para com Daniel? Seria um anjo com poderes especiais para cumprir um desígnio de Deus? Seria Miguel, o chefe das milícias de Deus que defende os interesses de Deus para com Israel? Seria esse "homem vestido de linho" o Cristo pré-encarnado, numa teofania especial? Percebe-se que essa aparição trazia um homem com vestes de linho, com os ombros cingidos de ouro, com um corpo semelhante a berilo, que tinha uma cor do tipo água marinha, ou verde-mar, o rosto como relâmpago e olhos como tochas de fogo, braços e pés como bronze polido e sua voz era como o barulho de uma multidão (Dn 10.5,6). Portanto, essas caraterísticas o faziam um ser diferente e singular que o identificavam com outras teofanias que aparecem na Bíblia. Entretanto, a visão de João, o apóstolo, na Ilha de Patmos se ajusta perfeitamente com as caraterísticas desse "homem" que apareceu a Daniel. Não devemos forçar uma interpretação, mas o contexto contribui para que creiamos que esse "homem" especial não podia ser outro senão Jesus Cristo, a segunda Pessoa da Trindade. Ele estava vestido de "linho" (v. 5), um tecido utilizado especialmente na roupagem dos sacerdotes segundo a liturgia hebraica e significa santidade, pureza e justiça. Em Apocalipse 1.13, o Senhor Jesus aparece em visão a João, na Ilha de Patmos, vestido de glória e majestade, e diz que: *"um semelhante ao Filho do homem, vestido até aos pés de um roupa comprida"*.

Daniel é confortado por um anjo (10.10-12)

A visão provocou um efeito extraordinário em Daniel. Ele não teve forças físicas para se manter em pé e caiu adormecido pela glória do "homem vestido de linho". A mesma experiência que João teve na Ilha de Patmos com a visão do Cristo glorificado (Ap 1.17,18) foi experimentada por Daniel junto ao rio Hidekel, ou seja, o rio Tigre. Daniel reergueu-se de seu desmaio e foi confortado por um anjo da parte de Deus depois da grande peleja que houve no céu entre os comandados de Satanás e os anjos de Deus, naqueles 21 dias de oração do grande servo de Deus. O anjo falou-lhe que era muito amado (10.12) por Deus.

III – A REVELAÇAO DO CONFLITO ANGELICAL NO CÉU

Os anjos são uma realidade espiritual (10.5,6,13,20)

A realidade dos anjos é indiscutível. Os anjos não são meras figuras de retórica, nem são invencionices de teólogos. Não são coisas, mas são seres pessoais criados por Deus. Anjos e homens são criações distintas de Deus. Ambos são seres pessoais, diferenciados nas finalidades da criação. Os anjos são criados como espíritos sem a capacidade procriativa, que Deus deu apenas aos homens (Lc 20.36; Hb 1.14; Sl 148.5).

Serviços prestados pelos anjos

Na criação dos anjos o Criador os classificou em categorias especiais de serviços (Cl 1.16). Os anjos não são meras figuras de retórica. Eles são seres criados por Deus para executarem a vontade divina. Eles existem para cumprirem os interesses de Deus no universo. O autor da Carta aos Hebreus diz que os anjos são "espíritos ministradores, enviados para servir a favor dos que hão de herdar a salvação"(Hb 1.13,14). Da mesma sorte, os espíritos que se rebelaram e acompanharam a Lúcifer na sua rebelião contra Deus, os quais denominamos como "anjos caídos" obedecem as ordens do seu chefe, Satanás (Is 14.12-15; Ap 12.7-12; Mt 25.41). Eles são realidade invisíveis e muito atuantes no mundo que se opõe contra toda a obra de Deus (Ef 2.2; 6.12; Cl 1.13,16).

Existem opiniões de que o ser espiritual do versículo 5 é o mesmo que fala com Daniel nos versículos 10-12. Outros entendem que são dois seres angelicais. O primeiro ser angelical do v. 5 é uma teofania, ou seja, uma aparição especial de Deus a Daniel. O segundo ser angelical dos vv. 10-12 é visto como um anjo com poderes delegados por Deus para consolar o coração de Daniel e lhe revelar acerca do conflito angelical nos céus por causa da oração de Daniel.

Duas categorias de seres angelicais

Neste capítulo nos deparamos com duas categorias de seres angelicais. Os anjos da parte de Deus e os anjos da parte de Satanás. Os anjos da parte de Satanás são identificados na Bíblia como "espíritos maus", "demônios" e que, na realidade, são considerados os anjos caídos da presença de Deus e que seguiram a Lúcifer. Eles obedecem ao comando de seu chefe que é o Diabo. Neste capítulo, eles aparecem com funções de liderança opositora aos interesses de Deus contra Israel (vv.13,20). Eles podem tomar formas diferentes do mundo físico sem ficarem retidos a essas formas porque são seres espirituais apenas. Deus não os criou como demônios ou maus.

Todas as milícias angelicais foram criadas para a glória de Deus (Jó 38.6,7). Foram criados seres morais e livres. Porém, a Bíblia fala de anjos que pecaram e não guardaram a sua dignidade, tornando-se maus (2 Pe 2.4; Jd 6; Jó 38.18-21). Pelo fato de serem espíritos sem corpos materiais, eles podem tomar formas materiais representando figurativamente coisas ou pessoas, como é o caso dos anjos que representam "o príncipe do reino da Pérsia" e "o príncipe do reino da Grécia" (Dn 10.13, 20).

Dois príncipes humanos representados na figura de dois anjos

"o príncipe do reino da Pérsia" e "o príncipe do reino da Grécia". (10.13,20). Subtende-se que Satanás designou dois dos seus anjos para influenciarem os reis da Pérsia e da Grécia e colocá-los contra o povo de Deus, Israel. No contexto do conflito no céu do capítulo 10, essas figuras procuraram impedir e resistir ao anjo Gabriel, mensageiro de Deus que tinha a resposta à oração de Daniel. Deus enviou o arcanjo Miguel, defensor dos interesses divinos para com Israel, a fim de possibilitar o cumprimento da missão do anjo Gabriel. Satanás tem sua própria organização angelical e esse texto indica que ele estabelece categorias de comandos. No caso do texto de Dn 10.13,20, Satanás incumbe anjos perversos com poder delegado para agir contra as nações do mundo. São espíritos que assumem territórios, e alguns teólogos, interpretam esta ação demoníaca como ação de "espíritos territoriais", que exploram culturas e crendices para aprisionar mentes e corações contra a possibilidade de conhecerem o Deus Verdadeiro. Segundo Paulo, esses espíritos atuam nas regiões celestiais para resistirem e criarem obstáculos à obra de Deus e à realização da sua vontade.

O conflito entre as milícias do Arcanjo Miguel e as milícias satânicas

"Mas o príncipe do reino da Pérsia se pôs defronte de mim vinte e um dias" (10.13). Esses dois príncipes não os reis da Pérsia e da Grécia, mas são figuras metafóricas de dois seres angelicais demoníacos

designados pelo Diabo para atuarem sobre os reinos da Pérsia e da Grécia. O anjo Gabriel declarou que a resistência de Satanás viria também da parte do *"príncipe da Grécia"* na sua volta à presença de Deus. Esses dois príncipes terrenos representavam neste conflito dois espíritos da parte do Diabo que atuavam sobre aquelas nações. São espíritos territoriais. Alguns dos nossos teólogos rejeitam a expressão "espíritos territoriais", mas não podem negar a existência de demônios designados pelo Diabo para interferirem e regerem sobre aquelas nações. É interessante notar que "o homem vestido de linho" que falava com Daniel declarou que Miguel, o anjo de Deus, era o "príncipe" de Israel, para defender e proteger os interesses de Deus na vida desse povo (Dn 12.1). O anjo Gabriel que trouxe a resposta de Deus, disse a Daniel que havia sido retido no céu por 21 dias com a resposta de Deus às suas petições. Esses dois príncipes das milícias satânicas: "o príncipe do reino da Pérsia" (v. 13) e o "príncipe da Grécia" (v. 20) que tentaram impedir que Gabriel trouxesse a resposta eram, na verdade, figuras desses príncipes satânicos que operam pelo poder do Diabo, de forma organizada, sobre as nações do mundo. Sem dúvida, Satanás tem sua hierarquia e dispõe de autoridades no mundo inteiro. Assim como Deus delegou ao Arcanjo Miguel para ser o "guardião de Israel" (Dn 10.13), o diabo estabelece os seus guardiões nas nações. São os opositores de Deus. Se o Príncipe da Pérsia representa um príncipe satânico com a finalidade de criar obstáculos ao projeto divino para que não alcance o seu objetivo, também, da parte de Deus, o Príncipe de Israel é o Arcanjo Miguel, e foi ele que veio em ajuda do anjo Gabriel para abrir espaço nos céus com a resposta divina para Daniel. Alguns teólogos rejeitam a ideia de que esses príncipes, da Pérsia e da Grécia, sejam anjos caídos. Defendem a ideia de que eram apenas reis desses impérios terrenos.

Há grande hostilidade espiritual contra o povo de Deus.

Deus tem uma aliança com Israel e a cumprirá, porque Ele é imutável e cumpre suas promessas. Quanto à igreja de Cristo, os mesmos espíritos do mal operam e hostilizam a igreja e aos crentes em particular. Há resistência espiritual às nossas orações. Quando oramos entramos em batalha contra as potestades do mal (Ef 6.12). Israel tem o seu ajudador especial da parte de Deus. A igreja, também, é guardada pelos anjos dos ataques satânicos.

IV – DANIEL RECUPERA SEU ÂNIMO ATRAVÉS DO ANJO

Daniel foi tocado pelo anjo

"me tocou os lábios" (10.16). Daniel tinha caído por terra por não ter tido condições físicas e emocionais de suportar toda aquela revelação. Ficou sem fala, mas ao ser tocado nos lábios, abriu a boca e começou a falar, à semelhança do que aconteceu com o profeta Isaías (Is 6.7). Quando somos tocados pelo Senhor, a sua santidade produz em nós um sentimento de indignidade e impureza perante os seus olhos. Ao ser tocado nos lábios, Daniel, antes emudecido diante da visão, começou a falar.

"Como pois pode o servo deste meu Senhor falar com aquele meu Senhor"? (10.17). Dois personagens se destacam nesta experiência, o anjo que falava com ele e o Ser superior a quem Ele entendeu que não tinha condições de estar de pé diante dEle. Quem era aquele "Senhor"? O contexto da escritura indica Alguém que era mais que um ser angelical. Não poderia ser o Senhor Jesus Cristo? Não podemos especular sobre isso, mas não há dificuldade alguma para entender a possibilidade de ser o Senhor Jesus, pré-encarnado, numa aparição especial. Na transfiguração de Jesus diante de seus três discípulos, Moisés e Elias viram a glória de Deus na pessoa de Jesus Cristo, seu Filho amado (Êx 33.19; Lc 9.28-31).

(10.18,19) Daniel foi confortado pelo anjo. Daniel descobriu que os opositores da obra em Jerusalém, não eram apenas os samaritanos e palestinos que se opunham contra tudo, mas tinha por trás de toda essa oposição, a ação de demônios. Mas Daniel é confortado pelo anjo quando lhe diz que "era muito amado" por Deus.

(10.20) O anjo revela a Daniel que "o príncipe da Grécia" na figura de um dos espíritos satânicos também se levantaria para se opor ao povo de Deus num tempo bem próximo daquele que ele,

Daniel, estava vivendo. A revelação foi feita ainda dentro do período do Império Medo-persa, mas logo passaria, e outro império haveria de surgir, suplantando o medo-persa, que era o Império Grego. Aquele anjo embaixador de Deus anunciou a Daniel que ele enfrentaria as milícias espirituais com o apoio de Miguel, o príncipe de Deus a favor de Israel.

A grande lição que aprendemos com este capítulo é que no mundo temos uma guerra espiritual sobre as nossas cabeças. Trata-se de uma guerra invisível, mas temos a promessa da vitória porque Deus cumpre a sua Palavra.

Capítulo 13

Um Tipo Futuro do Anticristo

Dn 11.1-45

Neste capítulo trataremos de um personagem que se destaca dentro da profecia de Daniel e envolve fatos que já aconteceram e se cumpriram historicamente. O cumprimento dessas profecias fortalece a confiança e a credibilidade das visões e revelações de Daniel. Porém, o personagem que aparece é um dos últimos reis do Império Grego, chamado Antíoco Epifânio IV, da família dos ptolomeus, o qual será destacado pela crueldade e pelo desprezo às coisas sagradas. Ele aparece mais no final do capítulo 11.

O capítulo 11 traz uma profecia que abrange os dois últimos Impérios, o Medo-persa e o Grego. O seu cumprimento se inicia, literalmente, a partir do final dos dias da vida de Daniel sob o reinado de Dario, o medo. Neste capítulo Deus revela a Daniel eventos proféticos que se cumpriram no período interbíblico, ou seja, aquele período entre o Antigo e o Novo Testamentos. Porém, a revelação maior dessa profecia diz respeito ao personagem histórico Antíoco Epifânio. Esse personagem refere-se a um futuro rei com as mesmas caraterísticas que aparecerá, escatologicamente, no futuro, como o Anticristo revelado no Novo Testamento. As profecias do capítulo 11 se cumpriram e ocorreram entre os reinados de Dario, o medo (539 a.C.) e Antíoco Epifânio (175-163 a.C.).

Porém, a parte do texto dos versículos 36-45 diz respeito a Israel em tempos ainda não cumpridos e que estão relacionados intimamente com os capítulos 12 de Daniel e 13 de Apocalipse.

I - PREDIÇÕES PROFÉTICAS CUMPRIDAS COM EXATIDÃO (11.1-20)

A exatidão do cumprimento das profecias (11.1)

"Eu, porém, no primeiro ano de Dario, o medo" (11.1). A importância dessa profecia é constatar a fidelidade e exatidão do cumprimento das profecias especialmente no período inter-bíblico. O primeiro ano do reinado de Dario foi em 539 a.C., conforme se pode constatar nos textos de Dn 6.1 e 9.1. O anjo de 11.1 é mesmo anjo de 10.20,21 que veio a Daniel, não apenas para confortá-lo, mas continuar a revelar o futuro de dois Impérios: o medo-persa (com todos os seus reis) e o grego (11.2-4).

A revelação sobre o fim do Império Medo-persa (11.2). Aparece no versículo 1 o rei "Dario, o medo" que é o mesmo de Dn 5.31. No capítulo 9.1, ele é chamado "Dario, filho de Assuero". A história bíblica diz que Ciro constituiu a Dario como rei enquanto ele estava no campo de batalha na conquista de outras terras e nações. Porém, o versículo 2 fala de três reis e destaca um quarto. Os três primeiros reis persas em sequência normal são, segundo Scofield, em seu comentário: Ciro II (550-530 a.C.), Cambises II (529-522 a.C.) e Dario I Histapes (521-486 a.C.). O quarto rei é Xerxes (486-465 a.C). Existe pouca informação acerca desses reis, sobre os quais Daniel citou que reinariam em sequência, não por muito tempo. Porém, os dados proféticos são precisos e confirmados pela própria história. As evidências históricas do cumprimento da profecia são tão reais, que os críticos da Bíblia sugerem que a profecia foi escrita, pelo menos 400 anos depois de Daniel, depois que tudo tinha acontecido. Entretanto, a revelação futura dada a Daniel encontra respaldo histórico e credibilidade porque Deus cumpre sua palavra. Além dos fatos cumpridos, a profecia aponta para o futuro, com o aparecimento do Anticristo, um tipo de Antíoco Epifânio.

A revelação profética sobre o Império Grego (11.3).

Xerxes I, sucessor de Dario, o persa, foi o quarto e último rei do Império Medo-persa. Foi um rei que juntou muita riqueza, mas ao enfrentar a Grécia, conquistou a cidade de Atenas e isto irritou aos gregos. Despontava naquele tempo a liderança de Alexandre, o Grande, que reuniu todas as forças bélicas e humanas dos seus exércitos e derrotou a Xerxes, da Pérsia, vingando a nação grega. Portanto, em 331 a.C., Alexandre, o grande, *"o rei valente"* se levantou e suplantou o último rei dos medos-persas com grande força e domínio sem qualquer resquício de misericórdia (v. 3). Era jovem e cheio de energia, inteligente e perspicaz, porque foi capaz de persuadir com carisma seus subordinados para que se unissem a ele a fim de conquistar o mundo de então. Com força pujante e implacável, Alexandre foi aumentando seu domínio geográfico e cultural conquistando outras nações. Ele procurou agregar os povos conquistados e tornar o seu domínio num "império unido". Ele promoveu a miscigenação das nações conquistadas, para ter o domínio sobre todos. Ele formou um exército coeso e forte recrutando homens de todas as nações conquistadas. Em pouco tempo, para o contexto da época, suas conquistas ultrapassaram todos os índices de tempo para dominar e fazer o que lhe aprouvesse. Cumpria-se, de fato, a soberania de Deus dirigindo a história e fazendo valer a sua soberana vontade. Era a sua vontade exercida nos destinos das nações e, acima de tudo, especialmente para Israel.

A divisão do Império Grego por quatro generais (11.4-20)

"estando ele em pé, o seu reino será quebrado" (11.4). Muito cedo, aos 33 anos de idade, Alexandre morreu na Babilônia. Ele era "chifre ilustre" ou "a ponta grande" do bode peludo do capítulo 8.8, que representava a Grécia. Esse chifre foi quebrado (8.8) que representa o rei grego, cujo reino foi quebrado em 11.4. Sem seu líder principal, Alexandre, o Magno, o seu reino perdeu a força da unidade imperial e foi dividido por seus quatro generais: Cassandro, Lisímaco, Seleuco e Ptolomeu. Ainda que os historiadores

neguem a questão da soberania de Deus no destino das nações, não temos o que duvidar. Fazendo uma relação comparativa das visões dos capítulos 7 ,8 e 11, temos no texto de Dn 7.6 a figura das quatro cabeças do leopardo alado, e depois, no texto de Dn 8.8 temos a visão do bode peludo com quatro chifres notáveis. As figuras são diferentes, mas as representações dessas figuras são as mesmas, porque falam do Império Grego e sua divisão, depois da morte de Alexandre, pelos quatro generais. São eles: Cassandro que reinou na Macedônia; Lisímaco que reinou sobre a Trácia e a Ásia Menor; Ptolomeu que reinou no Egito e, por último, Seleuco que reinou sobre a Síria e o restante do Oriente Médio. Essa divisão de reinos aguçou a vaidade e a presunção desses generais que se fizeram reis e tramas de traição e morte envolveram esses reinos.

(11.5-20) Nos versículos 5 a 20 temos uma sucessão de guerras entre esses quatro reis, especialmente, entre Egito e Síria, entre os reinos do norte e do sul. Suplantou o rei do Norte, Antíoco Epifânio (entre 175 e 164 a.C.) o qual se tornou um tipo perfeito do Anticristo. Porém, dois desses reis da divisão do império se destacam: o rei do Sul e o rei do Norte. Da divisão do império, o rei do Sul é Ptolomeu. Com ele se iniciou a dinastia dos ptolomeus. O texto diz que ele (o rei do sul — *Egito*) seria mais forte que o outro rei (o rei do norte — *Síria*). O sul era representado pelo Egito e o norte pela Síria. Detalhes históricos envolvendo esses dois reinos culminam com conflitos entre ambos e com a superação do reino do sul (Síria). Nos versículos 5 a 20 temos uma sucessão de guerras entre esses quatro reis, especialmente, entre Egito e Síria, entre os reinos do norte e do sul. Esse conflito entre os reis do norte e do sul (Egito e Síria), revelou ao final um personagem por nome Antíoco Epifânio, quando no ano 198 a.C., Jerusalém e Judeia passaram a ser província da Síria. No versículo 15, o rei do norte, Antíoco III, o Grande, se impõe sobre a Judeia e Egito e se apodera fortemente da Palestina (11.16). Esse rei, por causa da dívida com Roma, a fim de pagá-la, estabeleceu impostos financeiros pesados, tirando-os dos tesouros da Casa de Deus em Jerusalém. O filho de Antíoco III foi Antíoco IV, conhecido como Antíoco Epifânio

II - O RETRATO DO CARÁTER MAU DE ANTÍOCO EPIFÂNIO (11.21-35)

Antíoco Epifânio, o glorioso

A presunção desse rei o fez adotar um novo nome e ele chamava a si mesmo "*Teos Epifanes*", isto é, *"deus revelado"*. Ele ascendeu ao trono da Síria em 175 a.C., e mesmo sendo rejeitado por muitos, fez questão de impor seu domínio pela crueldade. Sua ascensão foi ilegal, porque, para abrir caminho para o trono da Síria, ele o fez pelo modo mais ignominioso e detestável. Suas caraterísticas diabólicas o tornaram o tipo mais próximo do futuro Anticristo.

"Depois, se levantará em seu lugar um homem vil" (11.21). Os quatro generais que se tornaram reis depois da morte de Alexandre, não se contentaram com suas regiões geográficas porque suas ambições os fizeram tramar intrigas entre si, matando e assassinando opositores para ostentarem mais riquezas do que já tinham. Queriam mais e mais e começaram a buscar mais terras e partiram para a luta entre si. Seleuco IV, da Síria, ocupava o trono da Síria em Antioquia e reinou de 187 a 175 a.C., morreu envenenado e seu filho deveria assumir o trono, mas seu tio Antíoco Epifânio tomou o trono da forma mais ignominiosa e detestável possível. Antíoco Epifânio assumiu o trono sírio e mudou seu título de Antíoco IV para Antíoco Epifânio, isto é, o glorioso.

Antíoco Epifânio foi um rei perverso

"mas ele virá caladamente e tomará o reino com engano" (11.21). Ele chegou ao poder em 175 a.C. e tinha apenas 40 anos de idade. Segundo a história, reinou apenas onze anos, e morreu em 164 a.C. Porém, em seus poucos anos de reinado usou de todos os artifícios de mentira, engano, astúcia, lisonjas e crueldade como ninguém o fizera. Para se manter no poder Antíoco Epifânio não tinha qualquer escrúpulo. Sua ascensão ao trono da Síria foi através de intrigas e engano (11.21) e tinha sede de conquista derramando o sangue dos seus adversários em muitas guerras. Enriqueceu com os despojos das guerras, quando lutou contra o Egito (11.25-28).

O versículo 21 o chama de "homem vil", porque fingindo amizade e aliança, entrou n o Egito e se apoderou do reino de Ptolomeu Filometer.

Antíoco Epifânio invadiu Jerusalém

(11.25-28) Antíoco Epifânio, depois de ter entrado no Egito e ter tomado posse do reino de Ptolomeu VI (vv. 25,26), resolveu investir contra a Terra Santa, especialmente, Jerusalém. Ele tinha um ódio enorme contra Israel. Por isso, partiu para a profanação do templo dos judeus e fez cessar os sacrifícios diários (11.30,31). Houve resistência da parte de judeus fiéis que não cederam aos abusos de poder e de arrogância desse rei sírio. Ele ordenou o sacrifício de porcos sobre o altar sagrado dos judeus para profanar o Santuário.

Antíoco Epifânio era cruel

(11.31-35) Ao invadir Jerusalém, Antíoco Epifânio não teve escrúpulo algum para desrespeitar valores morais, éticos e higiênicos tão importantes na sociedade de Israel. Estabeleceu regulamentações contra a circuncisão, a observação do sábado, e outras práticas dietéticas do povo de Israel. O versículo 31 fala da "abominação desoladora", quando construiu um altar a Zeus, deus pagão, sobre o altar dos holocaustos no templo.

III – ANTÍOCO EPIFÂNIO, ARQUÉTIPO DO ANTICRISTO

O "homem vil" que chega ao poder

"E esse rei fará conforme a sua vontade"(11.36). Até o versículo 35 a história se cumpriu perfeitamente. A partir do versículo 36, os fatos acontecem de modo especial e fala de um rei que agirá segundo a sua própria vontade. Trata-se de um homem que chega ao poder, prospera, cresce em poder e, então, investe contra o Deus de Israel. Esse rei, na figura de Antíoco Epifânio, assume o papel de divindade. Essa profecia tem o respaldo do Novo Testamento nas palavras de Paulo, quando diz que "se opõe contra tudo que se chama Deus ou é objeto de culto"(2 Ts 2.4).

Esse "homem vil" prefigura o futuro líder mundial no "tempo do Fim"

"E no fim do tempo" (11.40). Na verdade, os versículos 40 a 45 retratam as lutas finais de Antíoco Epifânio com o Egito, o rei do Sul, seu rival maior naquele tempo. Porém, a descrição desses conflitos prenunciam os atos futuros do Anticristo. No versículo 45 está descrito o fim de Antíoco Epifânio. Ninguém ostenta uma glória que só pertence ao Deus Todo-Poderoso. Nos versículos 36-45 está descrito que ele fará conforme sua própria vontade. Quando o versículo 40 fala do "fim do tempo" estava apontando, não só para o fim do personagem histórico Antíoco Epifânio, mas estava apontando para um tempo especial que a Biblia descreve como sendo a Grande Tribulação, identificada como a 70ª Semana do capítulo 9.27.

(11.41) Segundo o texto, os reis do norte e do sul (Egito e Síria) se unirão numa coligação de nações na "terra gloriosa"(11.41) para a grande batalha do Armagedom, onde o Anticristo será derrotado na A Segunda Vinda de Cristo (Ap 19.11-20).

(11.41-43) Escatologicamente, esses versículos falam da extensão do reino do Anticristo. Ele entrará na "terra gloriosa" que é Jerusalém e promoverá grande perseguição aos judeus existentes. Os povos que rodeiam como Edom,Moabe e Amon, identificados hoje, como a Jordânia e pequenas nações próximas estarão sob o seu domínio. Porém, os povos do Oriente, como a China e rumores vindos do Norte, a Rússia, mobilizarão seus exércitos e poderes bélicos para combater o Anticristo na "terra santa".

(11.44,45) A destruição do Anticristo. Esses versículos indicam que a força de governo do Anticristo será arrojada por terra e suplantada pela vinda gloriosa de Jesus Cristo, o glorioso Messias, desejado e sonhado dia e noite pelos judeus (Zc 14.1,2). Depois de sete anos da Grande Tribulação, no seu final, o Senhor matará com o sopro da sua boca e com o explendor da sua vinda (2 Ts 2.7,8).

"mas o seu fim virá" (11.44,45). Subtende-se que a expressão "entre o mar Grande e o monte santo" refere-se ao Mar Mediterrâneo ("o mar grande", e "o monte santo e glorioso" não é outro que não o lugar do Templo de Deus em Jerusalém. O Anticristo

armará suas tendas militares em Jerusalém , nas cercanias do vale do Armagedon (Ap 16.16; Zc 14), mas será neste vale que ele será derrotado pelo Messias glorioso. O falso Profeta e ele serão lançados no lago de fogo para sempre, e o Senhor instalará seu reino de mil anos (Ap 19.11-21).

CONCLUSÃO

A Bíblia declara que o "último dia" não acontecerá sem que primeiro venha a apostasia e seja manifestado "o homem da iniquidade, o filho da perdição" que é o Anticristo (2 Ts 2.3).

APÊNDICE

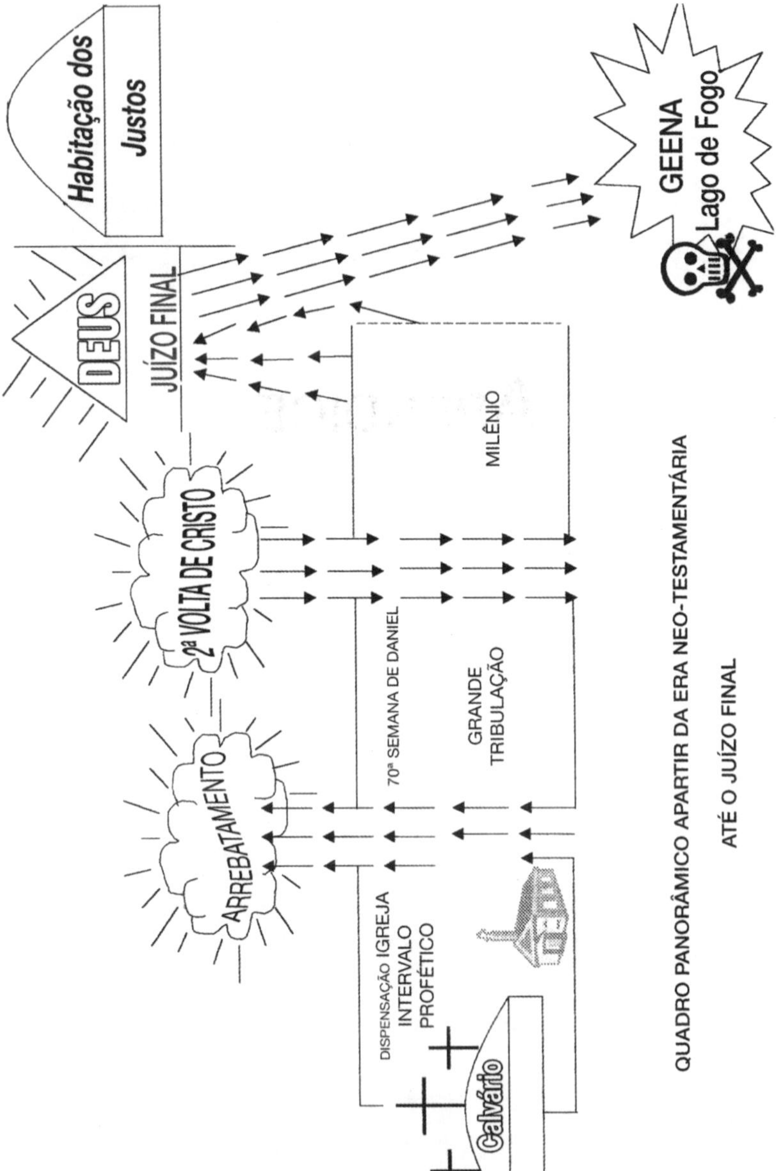

QUADRO PANORÂMICO APARTIR DA ERA NEO-TESTAMENTÁRIA

ATÉ O JUÍZO FINAL

9.24 – SETENTA SEMANAS DETERMINADAS

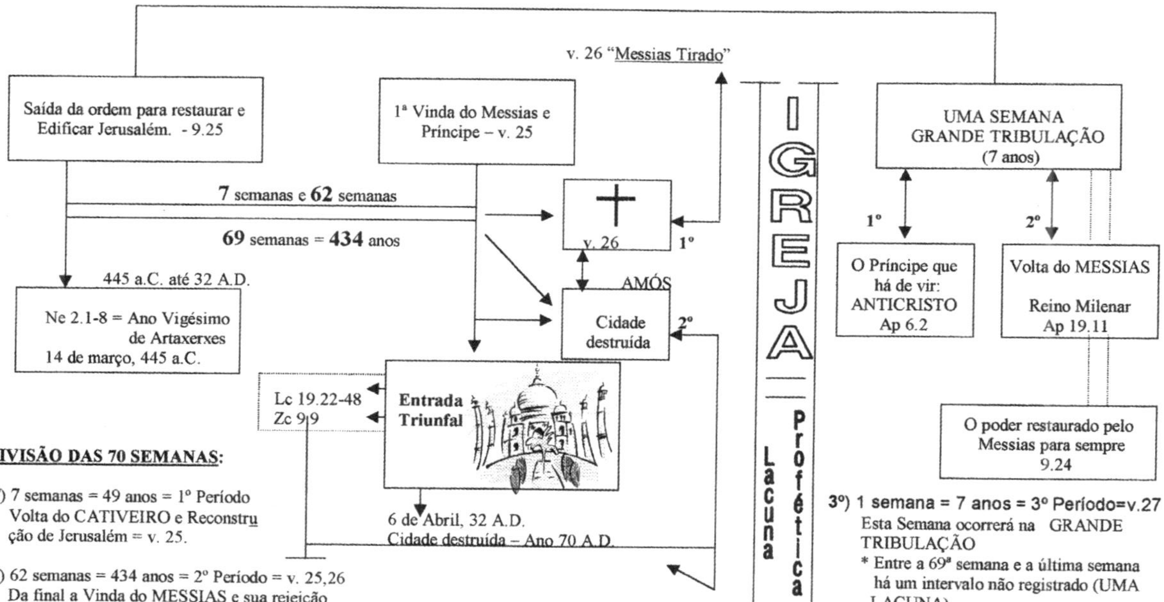

DIVISÃO DAS 70 SEMANAS:

1º) 7 semanas = 49 anos = 1º Período
Volta do CATIVEIRO e Reconstrução de Jerusalém = v. 25.

2º) 62 semanas = 434 anos = 2º Período = v. 25,26
Da final a Vinda do MESSIAS e sua rejeição
* logo após Jerusalém é destruída por Tito, ano 70 A.D.

3º) 1 semana = 7 anos = 3º Período=v.27
Esta Semana ocorrerá na GRANDE TRIBULAÇÃO
* Entre a 69ª semana e a última semana há um intervalo não registrado (UMA LACUNA)
* Do final da última (70ª) semana o ANTICRISTO será vencido.

QUADRO COMPARATIVO
Dn. 2 e 7

		VISÃO DE DANIEL	
CAP.	DISCRIMINAÇÃO	CAP.	DISCRIMINAÇÃO
2	Estátua, Império da Babilônia	7	Animais
2.32	Cabeça de ouro Babilônia	7.4	Leão alado
2.32	Peito e braços de prata Imp. Medo-persa	7.5	Urso (com três costelas entre os dentes)
2.32	Ventre e coxas de cobre - Grécia	7.6	Leopardo com quatro asas
2.33	Pernas de ferro — Roma	7.7	Animal terrível e espantoso
2.33	Pés de barro e ferro — confederação de 10 reis	7.7 e 8	Cabeça com 10 chifres — confederação de 10 reis